KB215996

유대인과 이방인 사이에 있는 바울

크리스터 스텐달 지음

김선용, 이영욱 옮김

유대인과 이방인 사이에 있는 바울

지은이	크리스터 스텐달
옮긴이	김선용, 이영욱
편집	김덕원, 이영욱
교정교열	김요셉, 박이삭
색인	최혜영

종이책 1판 발행	2021년 10월 13일
ISBN	9791190389426
정가	19,800원

전자책 1판 발행	2021년 10월 13일
ISBN	9791190389433
정가	14,900원

펴낸이	이영욱
펴낸곳	감은사
전화	070-8614-2206
팩스	050-7091-2206
주소	서울시 강동구 암사동 아리수로 66, 401호
e우편	editor@gameun.co.kr

Paul among Jews and Gentiles
and Other Essays

Krister Stendahl

| 편집자의 일러두기 |

1. 이 책에서 사용된 성경 본문의 경우, 개역개정을 사용한 경우는 "개역", 새번역은 "새번역"이라고 표기했습니다. 표기가 없는 경우는 원서에서 옮긴 것입니다.

2. 역자의 주는 길 경우 각주 형태로 처리했고("역주,") 짧을 경우 본문 내 괄호 안에("—역주") 표기했습니다.

이 책이 빛을 볼 수 있도록
격려해주고 헌신했던
나의 학문적 동료
에밀리 T. 샌더(Emilie Sander)를 기억하며 …

| 목차 |

작은 해제

김선용

　최신 연구가 오래전 출간된 책보다 늘 더 옳거나 정확한 것
은 아니다. 놀랍지만 사실이다. 지금까지도 많은 서양의 학자들
이 신약성서개론이나 바울서신개론을 가르칠 때 거의 빠짐없이
이 오래된 책을 교과서로 채택하는 데는 이유가 있다. 공간(公刊)
된 지 사십 년 이상 된 크리스터 스텐달의 책을 다시 읽으면서
나는 그 이유를 재확인할 수 있었다. 그리고, 최근 바울 연구물
중 적지 않은 수가 스텐달의 통찰과 발견을 제대로 소화하지 못
하고 오히려 그의 책이 없었던 시절로 퇴행했음을 확인할 수 있
었다. '바울에 관한 새 관점' 논쟁이나 새 관점을 넘어서려는 노
력(존 바클레이, 티모 라토 등)이 지난 수년간 한국에 적극적으로 소개
된 것에 비해 현대 바울 해석의 초석을 놓은 스텐달의 책은 너

무나 간략하게 언급되고 넘어간 모습을 자주 보았다. 본 서문과 해제는 이 책이 왜 지금 다시 번역되어야 했는지, 그리고 왜 널리 널리 다시 읽혀야 하는지 그 까닭을 설명하려는 노력이다. 먼저 책의 구조를 간략하게 설명한 뒤 각 꼭지의 내용을 요약하고, 이 책이 현대 바울 연구에 끼친 영향을 짚는 것으로 마무리한다.

이 책의 백미는 "바울과 서양의 성찰적 양심"이라는 제목을 단 꼭지이다. 꽤 오래전 누군가는 이 글에 대해 너무나 맞는 말을 했다. "신약성서를 공부하는 사람은 이 에세이를 외울 정도로 자세히 읽어야 한다." 바울 연구 지형을 크게 흔든 이 짧은 에세이는 본 책 전체의 뿌리이다. "바울과 서양의 성찰적 양심" 첫 페이지의 한 각주에 스텐달은 다음과 같은 말을 적었다. "나는 이 글로 독자들에게 부담을 줄까봐 조금 망설여진다. 내가 논지에 자신이 없어서 망설이는 것이 아니다. 나는 이 글에 담긴 주장이 정말 중요하다고 생각한다. 그러나 독자는 이 책 앞부분에 수록된 소논문들에서 개진된 주장 몇 가지가 이 글에서 반복되고 있음을 알게 될 것이다." 오해의 소지가 있어서 첨언하자면, "바울과 서양의 성찰적 양심"은 영어로 1963년에 학술지에 출간되었고, 이 책에 담긴 다른 글들은 1963년 **이후**에 작성되었다. 따라서 스텐달의 겸손함을 무시하고 말하자면, 본 책은 소논문 "바울과 서양의 성찰적 양심"의 내용을 단순히 반복했다기보다는 어마어마한 통찰들로 뭉쳐 있는 이 짧은 에세이를 주제별로 소분하여 친절한 설명으로 풀어낸 작품으로 보는 게 좋다. 스텐달은 독자에게 사과했지만, 우리는 그에게 감사를 표해야 한다. 바울 해석의 역사에 빛나는 발자국을 남긴 "바울과 서양의 성찰적 양심"을 자세하게 설명해 주었기 때문이다. 그럼에도 불구하고 바울학계의 전문적 논의에 익숙하지 않은 독자에게 이 책은 여전히 술술 읽히지는 않는다. 내가 짧은 가이드를 이렇게 집필하는 이유이다.

　　스텐달은 이 글의 성격을 "바울이 편지를 쓴 지 1900년이 지난 후에야 바울에 대한 지식을 갱신하려는 시도"라고 야심차게 말한다. 야심과 성취가 늘 같이 가는 것은 아닌데, 바울 해석의 역사는 스텐달의 시도가 크게 성공했다고 평가한다. 당대 바울 연구의 거인이었던 에른스트 케제만(Ernst Käsemann)의 혹독한 비판에도 강단있게 버티며 결국 케제만의 바울 해석을 낡은 유산으로 만든 글이다. 스텐달은 이 소논문에서 무엇을 주장하는가?

　　재미있게도 스텐달의 소논문이 맨 처음 발표된 자리를 아는 것이 그의 주장과 논지의 본질을 이해하는 데 도움을 준다. 그는 1961년 미국 심리학회의 연례 학회에 초청받아 이 글의 바탕이 되는 강연을 했다. 이 사실은 그의 글이 바울신학의 "심리적" 해석을 다룬 연구임을 보여준다. 스텐달은 1600년 가까이 지속된 바울에 대한 심리적 이해에 큰 오류가 있다고 지적했다. 바울의 신학적 사고를 개인의 심리라는 측면으로 접근하는 전통적이고 '상식적인' 해석이 아우구스티누스와 루터의 바울 해석으로부터 큰 영향을 받았다는 점을 지적하면서, 정작 바울 자신의 글에서는 그러한 죄를 의식하며 양심의 고통에 시달리는 모습을 전혀 찾을 수 없다고 스텐달은 주장한다. 아우구스티누스와 루터가 이해한 바울은 실제 바울의 모습과 큰 차이가 있다는 것이다.

그렇다면 아우구스티누스 수도회 출신이었던 루터와 그의 신앙적 조상인 아우구스티누스가 바울의 신학을 오해했다는 말인가? 스텐달의 해석에 따르면, "그렇다." 종교개혁의 유산 아래 있는 현대 개신교도에게는 충격적인 주장이다. 루터가 틀렸다고? 새로운 주장에 충격을 받은 사람은 충격의 원인이 된 주장을 면밀히 살펴보지 않고 무작정 비난하며 거부하려는 경향이 있다. 스텐달의 글이 처음 세상에 나왔을 때도, 그리고 지금도 그의 논지를 완강히 거부하려는 사람들이 많다. 바울 연구 현황에 익숙하지 않은 독자는 스텐달의 주장을 들 때 즉각 로마서 7:7-25을 떠올릴 것이다. 바울은 거기에서 죄의 힘을 뿌리치지 못한 채 내면의 갈등으로 인해 거의 자아가 분열된 사람(바울 자신?)의 고통스러운 고백을 말하고 있지 않은가? "나는 내가 바라는 선을 행하지 않고 내가 원하지 않는 악을 행한다(롬

7:19).” 이러한 반문에 스텐달은 다음과 같이 답한다.

　　여기에서 바울이 그리스도를 만나기 전의 경험을 말하는 것인
지 아니면 그리스도인으로 살면서 본인이 느낀 경험을 말하는
것인지, 아니면 보편적 인간의 경험을 말하는 것인지에 대해
많은 토론이 이어졌지만, 정작 바울이 이 구절에서 율법에 대
한 논증을 하고 있다는 사실에 주목한 학자는 거의 없었다. …
로마서 7장의 구조에 대한 분석은 바울이 여기에서 율법의 해
석, 즉 율법의 거룩성과 선함을 변호하고 있음을 보여준다.
13-25절에서는 율법 자체와 죄라는 존재(the Sin, 저자는 정관사와
대문자 S를 사용하여 실재하는 존재와 세력으로서의 죄를 말하고 있다—
역주), 그리고 육신을 구별해 가면서 율법에 대한 옹호를 이어
간다. 그는 율법이 아니라 죄라는 존재/힘(the Sin)이 인간에게
치명적 결과를 가져다 준 원인이라고 말한다. 여기에서
“나”(the ego)를 단순히 죄나 육신과 같은 것으로 간주하면 안
된다. “내가 바라는 선을 내가 행하지 않고, 내가 바라지 않는
악을 행한다”는 말이 “오호라, 나는 곤고한 자로다!”라는 탄식
과 직접적으로 연결되지 않는다. 그와 반대로 “이제 만일 내가
원하지 않는 것을 행한다면 **그것은 내가 아니라** 내 안에 거주하
는 죄가 행하는 것이다”라는 문장과 연결된다. 처절한 뉘우침
에 대한 논증이 아니라 자아 자체에는 책임이 없음을 논증하는

것이다. 모든 인류가 직면한 곤경을 기술하는 것이 바울의 의도라면 이러한 사고의 흐름을 설명할 수 없다. (본서 190-91쪽)

복음서에 기록된 예수님의 말인 "마음에는 원이로되 육신이 약하도다"(막 14:38)라는 구절과 로마서 7장이 부지불식간에 합쳐지면서 수많은 기독교인은 분열된 내면과 죄책감이 기독교인의 본질적인 모습이라고 생각해왔다. 이러한 인식은 "죄인임과 동시에 의인"이라는 루터의 유명한 표현으로 더욱 보편화되었다. 스텐달의 대답에 어떤 독자는 바울 자신이 예수 그리스도를 만나기 전의 삶에 대해 크게 후회하고 뉘우치지 않았냐고 재차 질문할 수 있을 것이다. 다시 스텐달의 답변을 들어보자.

디모데전서(스텐달은 디모데전서가 바울이 쓴 편지는 아니라고 본다—역주)는 바울이 "그리스도 예수께서 죄인들을 구원하러 이 세상에 오셨는데, 내가 죄인 중에 첫째이다"(딤전 1:15)라고 말한 것으로 묘사하는데, 이는 그가 현재까지도 죄를 뉘우치고 있다는 의미가 아니다. 이는 하나님께서 자비와 은혜로 바울에게 진정한 메시아를 계시하시어 그를 사도로 삼으시고 죄인 구원의 원형으로 삼으시기 전에, 바울이 그의 무지 가운데 하나님을 모독했고 폭력적인 박해자로 활동했던 것을 가리킨다 (딤전 1:12-16). (본서 184쪽)

빌립보서에서 바울이 한 말을 보면 스텐달의 주장을 더 납득하기 쉬울 것이다. 바울은 그의 과거에 대해 이렇게 말한다. "율법에 의한 의로움에서는 흠잡을 데 없었습니다"(빌 3:6). 그는 율법을 완벽하게 지키지 못할까봐 전전긍긍하고 죄의식에 시달리는 사람이 아니었다. 율법 준수에 관한 한 흠잡을 데 없었다고 생각했던 자신만만하고 떳떳한 내면을 가진 사람이었다.

'사람의 본성은 시대에 상관없이 변하지 않는다'는 검증되지 않은 신념 때문에 바울에 대한 오해가 오랫동안 지속되었다고 스텐달은 지적한다. 양심의 고통에 시달리는 것이 고대, 중세, 현대를 막론한 인간의 보편적 곤경이라고 생각하는 것은 오류이다. 스텐달의 이러한 주장은 고대인의 자의식이 공동체에 부속된 것이라는 인류학자와 사회학자의 연구로도 뒷받침될 수 있다.

이 책을 관통하는 가장 중요한 주장은 개신교의 핵심인 "이신칭의"(믿음으로 말미암아 의롭다고 선포됨, justification by faith) 교리가 사회적 산물이라는 것이다. **유대인과 이방인의 관계**, 바로 이 문제와 씨름하면서 바울의 이신칭의 "교리"가 나오게 되었다는 것이 스텐달의 요지이다. 다시 말해, 초기 기독교 공동체 내에서 이방인 신자의 지위 옹호—이방인은 율법의 행위들을 준수하지 않아도 믿음만으로 유대인 출신 신자와 동등한 하나님의 온전

한 백성으로 인정받는다―라는 매우 구체적인 맥락에서 바울의
이신칭의 가르침이 등장했다. 이제 독자는 이 책의 원제 *Paul
among Jews and Gentiles*가 무엇을 의미하는지 감을 잡을 수 있
을 것이다. 이신칭의 교리가 상황적 산물이라는 주장이 불편하
게 들릴 수도 있다. 특정한 상황 속에서 도출된 것이 '불변의 진
리'가 될 수 있는가? 꽤 어려운 질문이다. 이 문제를 진지하게
고민하는 것 자체로 신앙에 풍성함을 더할 수 있으리라 생각하
기 때문에 단정한 답을 제시하는 대신 독자에게 숙제로 남겨두
려 한다.

상술한 논지를 뒷받침하기 위한 논거를 스텐달은 몇 가지
주제로부터 끌어낸다. 자신의 주장을 강화하기 위해 펼치는 논
증이 이 책의 개별 꼭지에서 다루어진다. 바울의 "회심", "죄 이
해", "용서", "보편성의 문제"를 날카롭게 살피며 각 꼭지의 주
장이 "바울과 서양의 성찰적 양심"으로 융합, 수렴된다. 이렇듯
이 책은 유기적인 연결성을 가지고 있다. 각 꼭지 자체의 내용
과 그것들 사이의 논리적인 연결성을 하나씩 짚어 보면 스텐달
의 도발적이면서도 통찰이 넘치는 논지를 이해할 수 있을 것이
다.

가장 먼저 스텐달이 손을 댄 주제는 '바울이 그리스도를 만
난 사건'이다. 수많은 예술가들에게 영감을 불어 넣은 이 '사건'
은 흔히 바울의 다메섹 도상 체험 또는 바울의 다메섹 회심 사

건으로 불린다. 스텐달은 왜 이 주제에서 그의 논의를 시작한 걸까? 소위 '다메섹 체험'은 바울이 유대교에서 '기독교'로 개종(conversion)한 것이 아니라 사도로 부르심(call)을 받은 사건이라는 점을 명확히 아는 것이 중요하다. 왜냐하면 다메섹 체험은 바울이 섬기는 신(이스라엘의 하나님 야웨)은 그대로인 채 그가 이방인을 위한 사도로 부르심을 받은 것에 방점이 찍혀있기 때문이다. 다메섹 체험 보도는 소명에 초점이 맞추어져 있으며 이는 곧 이방인 선교의 중요성을 말하는 것이다. 바울의 소명이 그의 신학의 출발점이다. 죄와 씨름하며 고통받는 내면의 문제에 대한 답이 바울신학의 요체가 아니다. 핵심적인 문장 몇 개를 직접 읽는 것이 좋겠다.

> 우리의 선입견과는 달리 회심/개종(conversion) 사건이 먼저 일어나고 그 후에 사도직의 소명을 받은 게 아니었다. 이방인 가운데서 사역하도록 부르신 소명 이야기만 있을 뿐이다. 그러므로 "하나님의 계획의 관점에서 볼 때 교회 안의 이방인 신자의 지위를 어떻게 규정해야 하는가"라는 문제의식이 바울의 신학적 사고의 중핵 중 하나였다고 보는 게 자연스럽다. 로마서 9-11장은 로마서 1-8장에 덧붙여진 부록이 아니라 로마서 전체의 절정 부분이다. (본서 178-79쪽)

바울은 회심/개종이 아니라 소명을 통해 자신의 선교 사역을 새롭게 이해했고, 이방인들에게 장벽이었던 율법에 관해 새로운 이해를 가지게 되었다. 그의 사역은 다음과 같은 확신에 기반을 두었다—이방인들이 율법과 상관없이 하나님의 백성의 일원이 될 수 있다는 확신 말이다. (본서 52쪽)

바울의 체험은 서양의 신학이 당연시 여겼던 내적인 회심 체험이 아니었다. 이 구분은 다음과 같은 이유에서 무척 중요하다. (본서 58쪽)

루터와는 대조적으로 바울은 대단히 행복하며 신실한 유대인이었다. 빌립보서를 보면 그는 기독교적 관점에서 회고할 때조차도 "의로움에 관한 한 율법 아래서 (나는) 흠이 없었다"(빌 3:6)고 말할 수 있는 사람이었다. 바로 이것이 그가 말하는 바였다. 그는 어떠한 내적 고통이나 문제를 겪지 않았으며, 양심의 가책이나 흠결이 있다고 느끼지 않은 사람이었다. (본서 59쪽)

바울의 율법관은 율법이 그의 성찰적 양심에 어떤 영향을 끼쳤는지 숙고를 한 결과물이 아니다. 그의 율법관은 하나님의 계획 안에서 그리고 교회 안에서 이방인 신자의 위치와 신분에 관한 문제와 씨름한 끝에 다다르게 된 결과물이다. 또한 바

울의 독특한 율법 해석은 유대인과 이방인, 유대인 신자와 이
방인 신자 사이의 관계에 대한 문제를 다루면서 얻게 된 결과
물이다. (본서 177-78쪽)

그다음 스텐달은 '용서가 아니라 칭의'라는 주제를 다룬다.
이 글은 바울의 죄 이해를 다룬, 바로 뒤에 실린 에세이와 연결
되기 때문에 한번에 설명하는 것이 좋겠다. 요지는 이러하다.
죄책감을 인간의 근본 문제라고 바라본 서구의 전통은 죄 용서
를 바울이 전한 복음의 고갱이로 보았다. 이러한 전통적 이해가
바울의 사고와 얼마나 다른지 알기 위해서는 바울이 스스로의
내면을 비친 구절을 찾아 보는 것이 좋다. 바울은 죄 용서의 문
제에 큰 관심을 보이지 않았다.

바울이 쓴 게 틀림없다고 인정되는 편지들에서 "용서"(*aphesis*)
라는 명사와 "용서하다"(*aphienai*)라는 동사는 놀라울 정도로
거의 등장하지 않는다. 동사 "용서하다"의 한 형태는 바울의
주요 편지들 가운데 단 한 번만 등장한다(롬 4:7). 이 구절에서
바울은 "용서받았다"는 표현이 들어있는 시편 32:1을 인용해
야만 했기에 이 동사를 피치 못해 사용했다. (본서 78쪽)

이런 간단한 관찰만으로도 아우구스티누스와 루터의 신학

에 근거를 둔 "심리적" 해석에 심각한 오류가 있음을 알 수 있
다. 단순한 관찰에서 문제의 본질을 꿰뚫는 통찰을 길어낸 스텐
달의 능력이 빛을 발하는 예다. 그렇다면, 정작 바울 자신은 죄
와 용서의 문제에 별 관심이 없었는데 왜 서양의 신학자들은 그
오랜 시간 동안 죄 용서라는 주제를 바울신학의 핵심이라고 본
걸까? 본 서문의 첫 대목에서 언급했듯이 스텐달은 계속해서
심리적 해석에서 오류의 뿌리를 찾는다.

> 용서를 이토록 크게 강조하게 된 이유가 무엇인지 궁금한 사
> 람도 있을 것이다. 내가 추측하기로는 타고난 어떤 강력한 심
> 리적 경향이 우리 마음과 관심사 속에 있기 때문인 것 같다. 사
> 람은 이 같은 심리적 성향을 타고 났기 때문에 죄와 죄책감에
> 서 벗어나기 위한 노력을 하는 것이고, 이 과정에서 가장 적절
> 하게 사용될 수 있는 심리학적 개념이 "용서"이다. 다시 한번
> 추측을 해보자면, 죄와 죄책감을 해결하기 위한 노력이 중요
> 하게 된 이유는 다음과 같은 사실에서 찾을 수 있을 것 같다.
> 즉, 인간이 하나님이나 창조된 세계의 운명보다는 자기 자신
> 에 관해 훨씬 더 관심을 기울이게 되었다는 것이다. 바로 이것
> 이 오늘날 일반적인 기독교의 모습이다. (본서 79-80쪽)

   죄 용서가 바울의 주 관심사가 아니었다면 그는 어떤 문제

에 골몰했을까? 바로 '칭의'이다. 너무 간단한 답인 것 같지만, 칭의 교리가 이방인-유대인 사이의 관계를 다룬 것이라는 스텐달의 주장을 반드시 떠올릴 필요가 있다. 결국 죄의 용서가 핵심이 아니라 이방인 신자의 온전한 지위를 옹호하는 칭의가 바울신학의 중심이라는 주장이 재확인되고 있다.

스텐달은 계속해서 바울신학에서 '죄'라는 주제가 차지하는 위치를 논의한다. 죄가 아니라 연약함(weakness)에 대해 바울이 말할 때 가장 뚜렷하게 경험적 차원에 대한 그의 진술을 볼 수 있다고 스텐달은 주장한다. 여기에서 바울이 연약함을 죄와 직접 연결하지 않는다는 점을 놓치지 말아야 한다. 연약함이 고통과는 관련이 있으나 죄로 인한 고뇌와는 상관이 없다. 순종을 제대로 못해서, 또는 도덕적으로 온전하지 못해서 사람이 연약함을 인지하게 되는 것이 아니다. 바울의 글을 보면 연약함은 대부분 사탄의 방해 같은 외부적 원인에 기인하는 것으로 양심의 고통과 죄책으로 인한 내면의 갈등과는 관련이 없다. 재차 우리는 바울이 강건한 내면과 떳떳한 양심을 가진 사람임을 보게 된다. 그는 루터와는 다른 사람이었다. 루터의 신학으로 바울을 이해해서는 안 된다.

이어지는 꼭지에서 스텐달은 '사랑'이라는 주제에 대해 말한다. 바울서신의 몇 구절들을 해설하면서 스텐달은 교회와 동료 기독교인에 대한 끝없는 관심을 통해 교회를 견고하게 하는 것을 사랑이라고 정의한다. 그러면 '사랑'이 "Paul among Jews and Gentiles"라는 거대 주제와 무슨 상관이 있을까? 스텐달이 '사랑'과 비교하는 대상이 무엇인지 주목해야 한다. 그는 사랑과 '완전함'을 비교하면서 바울이 신자들에게 완벽함을 요구하지 않았음을 강조한다. 보통 완벽함은 '완전한 행위' 또는 율법주의와 자연스럽게 연결된다. 스텐달은 이러한 고리를 끊어내려고 하는 것이다. 사랑은 본질적으로 타인을 향한 것으로서 자신에게 집중하려는 완벽주의와는 대척점에 있다. 바울의 복음이 오로지 타인에 대한 사랑에 정향되어 있기 때문에, 부단하게 자신의 내면을 바라보며 죄책감과 성취감 사이를 오가는 자기중심적 기독교인은 바울신학의 핵심에서 떨어져 있다는 말을 스텐달은 하고 있는 것이다.

그다음 장의 제목은 '보편성이라기보다는 독특함'이다. 이 글에서 스텐달은 바울의 신학적 언술이 매우 구체적인 문제들을 붙들고 고민하는 가운데 나온 것임을 강조한다. 바울서신은 무시간적인 보편적 진리를 체계적으로 써내려간 신학 논문이 아니다. 스텐달이 이 꼭지를 쓰게 된 문제 의식은 다음과 같다.

> 바울의 다른 추종자들은 바울의 통찰들을 당대에 생겨나던 다른 기류의 기독교 신앙과 체험에 억지로 동화시키면서 그의 고유한 독특성을 약화시켰다. 신약성서에서 우리는 이러한 현

상을 사도행전과 목회서신, 그리고 좀 더 미묘하게는 에베소
서와 골로새서, 그리고 아마도 바울서신 모음집이 만들어졌던
바로 그 과정―이 바울서신 모음집에서 에베소서가 도입문의
역할을 한 것 같다―에서 바울을 "범기독교적(=보편적)으로 만
드는"(일반화시키는, catholicizing) 모습을 볼 수 있다.

이방인과 유대인의 관계, 율법과 약속, 칭의와 진노에 관한
바울의 생각들은 이런 이유들로 초대 교회 전체에 별다른 영
향을 미치지 못하게 되었다. (본서 156-57쪽)

바울신학은 구체적 상황에서 태동했기 때문에 역동적이고
다채로운 색깔을 지녔다. 그가 보인 유연한 사고는 이러한 독특
성을 반영한다. 그러나 목회서신에서 뚜렷하게 볼 수 있듯이 바
울이 죽고 나서 금세 그의 구체적이고 독특한 신학적 생각들은
특유의 생동감과 다양성을 잃어버리고 '보편적 상황'에 적용되
는 납작한 명제가 되었다. 스텐달은 바울신학의 구체성과 독특
성을 존중하는 것이 초대교회 신앙의 다양성과 풍성한 신학적
담론을 우리가 향유할 수 있는 길이라고 말한다. 이러한 과제를
성취할 수 있는 방법 중 하나가 바로 바울서신을 바울이 살던
당시의 역사적 상황 속에서 파악하면서 원문을 더욱 철저하게
연구하는 것이다.

이 책에서 개진된 스텐달의 통찰은 현대 바울 연구에 큰 영

향을 미쳤다. 로마서 9-11장이 로마서 전체의 핵심이자 절정에 해당하는 부분이라는 그의 주장은 현재 많은 학자들이 옳은 견해로 받아들인다. 이신칭의 교리가 사회적 함의를 지니고 있다는 스텐달의 논지는 이후 E. P. 샌더스(Sanders)를 경유해 소위 "바울에 관한 새 관점" 학자들에게 충실히 계승되었다. 바울의 사도직 자체가 이방인 사역에 집중되었다는 그의 주장은 현재 바울에 관한 급진적 관점(The Radical New Perspective on Paul, Paul within Judaism)을 표명하는 학자들에 의해 그야말로 '급진적'으로 재해석되었다. 거칠게 말하면, 바울의 복음이 오로지 이방인만을 대상으로 한 것으로, 유대인에게 적용되는 것은 아니라는 주장이다(유대인은 유대인만의 구원의 길이 따로 있다는 논지).

독자는 이 책을 읽어나가면서 결국 당대의 시대 배경에서 바울을 해석하는 것의 중요성을 강조하는 데로 스텐달의 논의가 수렴하는 모습을 보게 된다. 특정 신학자의 견해를 재해석하는 것에 만족해서는 안 된다. 칼뱅의 신학이나 바빙크의 신학을 무비판적으로 수용하는 것은 바울이 실제 말했던 바를 놓치는 원인이 될 수 있다. 바울의 말 자체에 귀를 기울여야 한다. 원문으로 돌아가는 것이 종교개혁의 후예들이 해야 할 과제이다. 현재 한국교계와 신학계가 경청할만한 구절들을 아래에 길게 인용한다.

정말 **바울**의 생각은 무엇인가? 이러한 질문은 단어들 자체가 무엇을 의미했느냐라는 문제라기보다는, 용어들이 원래 맥락에서 지녔던 의미와 그 용어들이 현재 어떻게 사용되고 있는가를 구별하는 중요한 문제를 다룬다. 이것이 명료하게 구분되지 않을 때 혼란을 초래할 수 있다. 그러므로 바울서신이 작성될 때의 시간으로 돌아가, 바울의 시대와 정황에서 이러한 용어들이 사용된 배경을 연구해야 한다. 성서학에 몸담은 사람에게 이 점은 중요하다. 바울 당대의 역사적 맥락에서 그의 언어를 연구하지 않으면 바울이 신중하게 의도했던 바와 그가 사용한 용어들이 현대에 어떤 의미로 사용되는지, 이 둘 사이의 차이점들을 종종 놓치게 된다. (본서 98쪽)

마치 두 개의 언어를 구사하는 사람의 사고 과정처럼, 본문 이해란 고대 배경 안에서 원어로 이해하는 것으로 봐야한다는 내 주장이 맞다면, 늘 새로운 번역이 나와야 한다는 결론에 이르게 된다. 이 책에서 내가 주장한 바는 이러하다. 본문을 해석할 때, 후대의 해석들을 재해석하지 말고 원문 자체(the original)를 해석해야 한다는 말이다. 실제 기독교 역사에서는 원문 자체를 가지고 씨름하는 것이 아니라 유력한 해석에 대한 연쇄적 반응과 논쟁들만 있었다. 아우구스티누스의 바울 해석은 펠라기우스와의 논쟁을 통해 성장하며 완성되었고, 중세신학자들은 특정 주제만을 파고 들면서 다른 주제에 관심을 두지 않았으며, 이런 과정이 계속되면서 원문과는 거리가 먼 반박과 논박이 끊임없이 생겨났다. 더 오래된 본문들과 아우구스티누스의 고백록을 연구하며 얻은 지식을 바탕으로 우리는 이제 원문을 새로운 시각으로 보아야 한다. 물론 여러 **번역본들을** 해석하는 게 아니라 **원문** 자체를 번역하면서 말이다. 나는 원문 연구의 중요성을 강조하려고 지금까지 노력했다. **원문으로** 돌아가는 것이야말로 종교개혁의 진정한 후예가 되는 길이다. (본서 158-59쪽)

"원문"(original)은 어떤 범주에도 속하지 않는 두드러진 고유성을 지녔다. 원문의 유일무이한 고유함을 받아들이기 위해서는 균일성을 추구하는 엄청난 힘에 저항할 수 있는 성경관을 가져야 한다. (본서 159쪽)

단순히 신약의 가장 위대한 신학자이자 심원한 신학적 사고를 했던 개신교의 영웅으로서의 바울에만 관심을 집중하지 않고, 개종한 사람이 아니라 이방인과 유대인 가운데 소명을 받은 사도로 바울을 바라본다면, 우리는 바울이 살던 시대와 그가 당면했던 상황의 빛 아래서 성경을 읽고 그가 쓴 것을 더욱 정확하게 이해할 수 있다. 바로 이것이 성경을 우리 자신이 살고

있는 시대와 상황에 적용하기 위한 첫 번째 조건이다. (본서 77쪽)

위와 같은 주장을 잘 이해하기 위해서는 성서 본문이 초창기 그리스도인에게 어떤 의미로 이해되었는가(what the texts meant)라는 문제를 성경이 현대의 기독교인에게 어떤 의미를 전달하는가(what the Bible means)라는 문제와 구분하려고 스텐달이 노력했던 사실을 아는 것이 중요하다.[1] 성서의 내용이 역사의 산물이라는 평이한 사실을 명징하게 봐야만 성경과 현대인 사이에 놓여있는 커다란 문화적, 해석적 거리를 볼 수 있다. 특히 설교자가 이러한 구분을 잘 해야만 형편없는 수준의 "현실에 적실한" 설교를 피할 수 있다고 스텐달은 말한다. 그렇지 않으면 18세기에 스웨덴 정부가 "농부에게 감자 도입을 장려하도록" 목사들에게 부탁한 결과 "사람이 빵으로만 살 것이 아니요"라는 본문을 주제로 수많은 설교가 선포되었던 예를 현재에도 되풀이 하는 결과를 낳는다.

스텐달의 주장은 성서 본문의 원래 의미와 저자의 의도를 성서학자들이 꽤 정확히 알아낼 수 있다는 낙관주의적 견해에

1.　Krister Stendahl, "Biblical Theology, Contemporary," in *The Interpreter's Dictionary of the Bible*, ed. George A. Buttrick (Nashville: Abingdon Press, 1962), 1: 418-32.

바탕을 두고 있기 때문에 현재 시점에서 조금 시대에 뒤떨어진 제안이지만, 한국 기독교학계와 교회는 이러한 문제의식을 붙들고 씨름하는 시기를 제대로 겪은 적이 없으므로 우리 한국 기독교인에게는 여전히 유효한 주장이라고 말할 수 있다.

성경을 새롭게 번역해야 한다는 제안은 시대와 무관하게 늘 참이다. 스텐달이 자신의 유명한 에세이를 원문과 번역에 관한 언급으로 끝내고 있다는 것은 의미심장하다. 이는 최근에도 파울라 프레드릭센(Paula Fredriksen)이 더 과감한 버전으로 주장한 바이다.[2] 미국에서는 현재 NRSV와 NIV의 개정작업이 진행 중이며, CEB(Common English Bible)같이 신뢰할 수 있는 학자들이 참여한 새로운 성경 번역이 계속 출간되고 있다. 한국 개신교가 개역성경 전통을 존중하는 것은 트집 잡을 만한 일이 아니지만 개역성경과 결이 다른 번역을 교회 현장에서 잘 받아들이지 못하는 상황은 목회자와 신학자들이 목소리를 모아 개선해 나가야 한다. 새롭게 번역한 성경을 읽는 것만으로도 성경의 목소리가 우리에게 묵직하고 새롭게 다가올 기회를 높이는 것이다. 이 작은 해제를 스텐달의 목소리로 마무리한다.

---

2. Paula Fredriksen, "How Later Contexts Affect Pauline Content, or: Retrospect Is the Mother of Anachronism." in *Jews and Christians in the First and Second Centuries: How to Write Their History*, Peter J. Tomson and Joshua Schwartz eds. (Leiden: Brill, 2014), 51.

많은 사람이 성경을 (하나님께서 독자 개인에게 직접 말씀하신다는) 일차원적 수준에서 읽는다. 그런 식으로 성경을 읽지 않으면 하나님의 말씀이 우리 삶에 적실하지 않은 것이 될 거라는 두려움 때문이다. 하나님의 말씀 자체가 말씀하신다는 믿음이 우리에게 부족해서 우리는 기다리지 못한다. 그래서 크리스마스 트리에 사과나 여타 장식물을 매다는 것처럼, 사람들은 성경본문 읽기에 "개인적 삶과의 직접적 연관성"이라는 작은 장식들을 붙인다. 사실 "현재 삶에 적실한 메시지(relevance)"를 말하도록 강요하는 것보다 더 성서학을 위협하는 것은 없을 것이다. 우리는 충분한 인내심과 믿음을 가지고 성경 본문의 원래의 의미를 찾고 귀 기울여야 한다. (본서 98-99쪽)

서문

저는 몇 년 전 오스틴 장로회신학대학원(Austin Presbyterian Theo-logical Seminary)에서 토머스 화이트 커리 강연(Thomas White Currie Lecture)을 진행했던 적이 있었습니다. 그때 저는 바울 해석을 향해 몇 걸음 내딛었는데, 이는 오랫동안 작성했던 (이 책의 두 번째 에세이로 수록된) "사도 바울과 서양의 성찰적 양심"이라는 논문에서 촉발된 것이었습니다─이 논문은 1960년 스웨덴에서 처음으로 출판되었고, 1961년에는 영역개정판이 나왔지요. 그 이후로 저는 1963년 커리 강연에서 그 주제와 사상으로 돌아오곤 했고, 1964년 콜게이트 로체스터 신학교(Colgate Rochester Divinity School)의 에이어 강연(Ayer Lecture)에서는 이를 보다 더 정교하게 정리했습니다. 이후로도 계속해서 다양한 입장들(shifts)과 시각들을 검토했고, 이것들이 제게 매우 중요한 의미를 갖게 되었을 때에는, 충분히 생각할 시간을 가졌습니다. 하지만 종잡을 수 없는 직감들마냥 쉽사리 정리되지는 않더군요. 이에 지난 15년 동안 저는 서로 다른 환경과 서로 다른 나라와 언어, 서로 다른 학문적 배경과 교회의 그룹, 서로 다른 성직자들과 평신도들 사이에서 제 사유들을 점검했습니다.

이제는 제가 가진 통찰들이 무엇이든 간에 이것들을 다소나마 인상적인 강의의 형태로 다른 이들과 나눈다면 매우 유용할 것이라는 생각에 이르게 되었습니다. 학자로서 이런 강연들이 단점을 가지고 있다는 것을 인정하는 바이지만, 한편으로 대중 강연의 형태가 가진 장점은 강연자가 (글로 할 경우) 각주를 사용해야 하거나 아주 자세하게 설명할 수 없어서 모든 진술에 있어서 균형을 잃게 될 때, 우리 동료들이나 비평가들이 강연자의 생각을 들여다볼 수 있도록 해준다는 것입니다.

이 작업을 마칠 수 있도록 격려해 준 포트리스 출판사(For-tress Press)와 더불어 맡은 임무 이상으로 저를 도와준 노먼 젤름 (Norman Hjelm)과 잉갈릴 헬만(Ingalill Hellman)에게 감사의 마음을 전합니다.

오늘 저는 몇 가지 부분에 있어서 (이전에 말했던 것과는) 약간 다르게 말할 수도 있다는 것을 고백해야 할 것 같습니다. 하지만 전체적인 측면에서는, 지난 몇 년간의 연구와 반성을 통해 본래 이 강의에서 전달하고자 했던 관점을 공고히 했습니다.

가장 중요한 입장 변화는 제가 최근까지 로마서에 대해 가지고 있던 이해와 관련하고 있습니다. 저는 이 강연을 하고 있을 때 요하네스 뭉크(Johannes Munck)의 바울 연구에 굉장히 매료되어 있었습니다. 뭉크가 웁살라대학교(Uppsala University)에서 긴 연구 기간을 가질 때에, 제게는 바울의 세계를 열어젖혀준 사람이 되었지요—당시는 우리 둘 모두가 안톤 프리드릭센(Anton Fridrichsen)의 『사도와 그의 메시지』(*The Apostle and His Message*, 1947)에 신선한 충격을 받고 있을 때이지요. 프리드릭센이 제 해석학의 아버지였듯, 그렇게 뭉크는 제 큰 형과 같았습니다. 하지만 저는 삶 속에서 계속 가르치고 설교하면서 결정적으로 저 둘과 멀어지게 됐습니다—무엇으로 인해 뭉크가 사도행전의 초기 저작설을 완전하게 방어할 수 있다고 여기고서 그것을 그토록 옹호하려고 하였는지 전혀 이해할 수 없었습니다. 그렇지만 이 자리는 프리드릭센과 뭉크 모두에게 감사를 표할 수 있는 좋은 기회라고 생각합니다. 이 둘은 어떤 면에서 제 입장과 달랐지만, 새로운 전망을 열어주고 저를 흥분되는 길로 인도해주었기 때문입니다.

바울의 사도직이 궁극적으로 이스라엘의 구원을 목적으로 하고 있다는 뭉크의 해석은 이제 저에게 큰 충격으로 다가옵니다. 본서 첫 번째 논고 "유대인과 이방인 사이에 있는 바울"의 첫 번째 섹션(§1)에서 저는 그 이유를 말할 수 있기를 바라며 더불어 더욱 설득력 있는 다른 모델을 제시하려 합니다. 하지만 본래 이 강연들을 마음에 품었을 때와 진행할 때에는 저도 뭉크의 견해를 가지고 있었습니다.

이 강연은 어떤 면에서 다소 시대에 뒤쳐져 있습니다. 저는 우리가 얼마나 축복을 받았는지 알고 있습니다. 여담이지만, (여성의 권리를 위한) 운동 안팎에 있는 여성들은 우리가 사용하는 언어 습관에 내재된 성차별적인 요소들을 드러냈잖아요. 저는 (이 원고의) 언어에서 '탈-성차별'을 지속적으로 시도하지 않았습니다. 제가 과거에 가지고 있었던 성차별적인 관점에서 벗어나서 사고하기를 요구하는 것은 편집자의 역할을 넘어가는 것이라 생각합니다. 예를 들어, 본서에는 총체적 의미('사람')로서 "남자"(man)라는 단어가 상당히 등장합니다만, 저는 이것들을 과거에 제가 어디에 서 있었는지를 말해주는 증거로서 그대로 놔두었습니다. 이러한 증거는 저를 매우 당황스럽게 만듭니다. 왜냐하면 저는 이 강연을 하기 오래전부터 성경에 나타난 여성의 역할에 대하여 깊은 관심을 보였기 때문이지요.

이 강연에 나타나는 성경 구절들은 특별히 달리 번역해야 할 이유가 있는 곳을 제외하고는 RSV에서 인용한 것입니다. 이 강연—메모와 녹취록을 통해 복원된—에서 그리스어를 번역할 때에 기억에 의존하거나, 혹은 논증 가운데 별로 중요하지 않은 요소들이라면 때로는 느슨하게 번역하기도 했습니다.

이 모든 작업에 있어 제 오랜 동료 에밀리 T. 샌더(Emilie Sander) 박사의 도움이 지대했다는 점을 말하고 싶습니다. 샌더가 이 강연들을 출판하기 위해 준비했던 것은 그녀의 생애 마지막 작업이었습니다. 포트리스 출판사에 원고를 보내고 2주가 지나서, 1976년 6월 4일 그녀는 심장마비로 세상을 떠났습니다. 이 책을 샌더에게 헌정하면서, 격려와 헌신으로 제 사고와 관찰들을 구어에서 문어로 바꾸어주는 데에, 그리고 스웨덴어를 영어로 번역하는 데에 도움을 주었던 그녀에게 작은 방식으로나마 고마움을 표하고 싶습니다. 우리의 공동작업은 1950년대 후반 뉴욕에 있는 유니온신학교(Union Seminary)로 거슬러 올라갑니다. 그때 샌더는 조교로서 여름학기를 도와주었지요. 그녀는 제 책 『성경과 여성의 역할』(*The Bible and the Role of Women*)을 영어로 번역하고 편집해주었습니다. 또한 하버드에서 열렸던 저의 다양한 수업에서 작성한 그녀의 강의노트에 기반하여 『브리태니커 백과사전』(*Encyclopaedia Britannica*, 1975)에 기고한 "성경 문학" 부분의 초안을 준비했지요. 그래서 공동저자로 '크리스터 스텐달'(K. St.)과 '에밀리 샌더'(E. T. Sa.)로 표기된 것보다도 더욱 많은 부분을 그녀가 담당해주지 않았다면 그 프로젝트는 결코 완성될 수 없었을 것입니다. 다시 말하지만, 이 논고 "유대인과 이방인 사이에 있는 바울" 역시 그녀의 지적인 헌신과 열정이 없었다면 출판될 수 없었을 것입니다.

에밀리 샌더는 예민한 지성을 가진 특별한 학자였습니다. 샌더에 대한 감사의 마음은 다음과 같은 고통스러운 물음과 연관되어 있습니다. 곧, 제가 샌더의 작업에 너무 많이 의존한 것은 아닌지, 또한 많은 과업으로 인해 그녀만의 어법으로, 그리고 그녀만의 통찰력으로 말하고, 쓰고, 생각할 시간을 빼앗은 것은 아닌지 하는 물음 말입니다.

샌더 박사는 쓸데없는 말이 지나치게 많은 녹취록과 형식적인 문어체 사이에서 적절한 중간 지점을 찾기 위해 부단히도 애썼습니다. 진지하면서도 너무 전문적이지 않게 전달할 수 있는 책을 만들기 위해 노력한 것이지요. 샌더는 저를 잘 알고 있었습니다. 그래서 해학이나 풍자로 말하기 위해 청중의 주의를 돌리려는 제 어조나 미소까지는 받아 적을 수 없었다는 점을 자주 지적하곤 했습니다. 그래도 우리는 균형을 잡으려고 함께 노력했습니다.

제가 확신하는 바는, 신학은 농담이나 풍자 없이 신학적으로만 사고하기에는 너무나도 진지한 학문이라는 거예요. (신학에서 다루는) 주제만큼이나 (너무) 진지해지려고 하는 것은 오만일 수도 있습니다. 또한 청중/독자로 하여금 제가 신학을 기술할 때 모든 것을 정확하게 고려했다고 믿게끔 만들 수도 있습니다. 근래에 저는 신학에 있어서 풍자—그리고 더 고상한 사촌격인

해학—를 우상 숭배에 대한 보호 수단으로서 더욱더 필요로 하게 되었습니다. 이 때문에 예수도 비유로 말씀하려고 한 것이라 생각합니다. 예수의 비유 대부분은 해학을 동반한 비틀기지요. 또한 랍비, 하시딤(hasidic), 현대의 유대 전통도 유머가 담긴 이야기를 지속적으로 장려하려는 경향—'진지한' 신학자들에게서는 결여된 것—이 엿보입니다. 이 점에 있어서 저는 키르케고르(Kierkegaard)에 대한 제 아내 브리타(Brita)의 작품에서 많은 것들을 배웠는데요, 키르케고르의 유명한 그 우울함이 그의 풍자와 해학을 가리게 해서는 안 된다는 것이지요.

제가 이 책에서 작업하고 있는 종류의 신학은 재미있는 실험과 같은 성질을 가지고 있습니다. 바울이 말한 것처럼 지식은—예언조차도—불완전하기 때문이지요. 만일 이 사실을 잊는다면, 지식으로 "교만하게"(고전 8:1) 될 것입니다. 또 저는 그리스도인으로서 아직 덜 성장했고 아이와 같은 방식들을 아직 내버리지 않았기에, 어린아이처럼 생각하고 어린아이처럼 추론하기를 좋아합니다. 이러한 태도는 하나님의 은혜로 우리가 완전하게 이해하고 우리가 완전히 이해받는 날(고전 13:8-13)이 오기 전까지는 틀린 것일 수도 있습니다. 그 사이에 저는 다른 아이들을 불러 함께 놀자고 청하렵니다.

* * *

제가 서문에서 언급했던 요하네스 뭉크(Johannes Munck)의 최근 작품들은 다음과 같습니다. 『바울과 인류의 구원』(*Paul and the Salvation of Mankind* [Richmond: John Knox Press, 1959; German original, 1954]). 이 책은 걸작이지만, 슬프게도 바울 학계에서 간과되기도 합니다. 잇달아 1956년에는 『그리스도와 이스라엘』(*Christ and Israel*)이 출판되었습니다. 제가 서문을 쓴, 『로마서 9-11장 해석』(*An Interpretation of Romans 9-11* [Philadelphia: Fortress Press, 1967])도 있습니다. 뭉크의 사도행전 주석은 뭉크 사후에 출판되었고 W. F. 알브라이트(Albright)와 C. S. 만(Mann)에 의해 개정되어 앵커바이블(Anchor Bible, Vol. 31 [New York: Doubleday, 1967]) 시리즈로 출판되었습니다.

제가 언급했던 키르케고르의 풍자와 해학에 관한 저서는 브리타 스텐달(Brita K. Stendahl)의 『쇠렌 키르케고르』(*Søren Kierkegaard*, Twayne World Author Series 392 [Boston: Twayne Publishers, 1976])입니다. 이에 관해서는 특히 "아이러니의 개념"(The Concept of Irony, 36-45) 섹션을 보십시오.

유대인과 이방인 사이에 있는 바울

1. 유대인과 이방인 사이에 있는 바울

바울은 유대인과 이방인 속에서 살았다. 이는 놀랍지도, 특별히 논쟁적이지도 않다. 유대인으로서 바울은 인류를 이렇게 두 부류로 나누는 것에 익숙했다. 몇몇 바울의 편지들에서는 논쟁의 구조 자체가 저 이분법으로 설명된다. 더욱이 "모든 사람"이라는 바울의 언급은 종종 "유대인과 그리스인 둘 다"와 동의어로 사용되곤 한다. 바울은 그의 진술에 의하자면 이방인들에 대한 사도였다. 로마교회에 편지를 쓰면서는 그리스인들과 야만인들 모두에 대한 본인의 책무(obligation: 개역성경에서는 "빚"—역주)가 있다고 설명하는데, 이 책무를 이행하는 데 있어서 하나님의 계획 안에 있는 유대인들의 역할에 대해서도 매우 잘 알고

있었다(롬 1:14-16). 사도행전에서 바울은 전(ex)-바리새파 유대인
으로 이방인 세계에 복음을 전하는 자로 표현된다. 사도행전은
바울이 이방 세계 권력의 좌소인 로마에 이를 때까지 끝나지 않
는다.

　하지만 한걸음 더 나아가 생각해보면 본서의 제목이자 이
논고의 제목—"유대인과 이방인 사이에 있는 바울"—은 보이는
것만큼 완전히 순전하거나 온화한 것은 아니다. 주류 바울 해석
에서—그리고 이에 따라 학자들이나 평신도들 모두가 의식적으
로든 무의식적으로든 바울을 읽고 인용함에 있어서—우선적으
로 바울의 사상을 형성했던 가장 기본적인 문제이자 관심사, 곧
유대인과 이방인 사이의 관계는 수세기 동안 전혀 다루어지지
않았는데, 바로 이것이 본 논문의 논쟁점이 될 것이다. 특히 개
신교 전통에서—그리고 특히 루터파 가운데서—로마서는 바울
서신의 소재들을 지배하고 조직하는 원리의 위치로서, 위에서
관망하는 사고 패턴을 제공하는, 영예의 자리를 차지하게 되었
다. 믿음으로 의롭다 함을 받는다(이하에서 종종 '이신칭의'로 옮김—역
주)는 바울의 표현은 그러한 역할을 해왔다. 어떤 이들에게 이
표현은 바울서신의 사상을 열 수 있는 열쇠일 뿐 아니라 신약
전체, 더 나아가 신구약 성경 전체, 그리고 길고 복잡한 역사를
가진 기독교 신학에서 발견되는 바 진정으로 참된 복음의 기준
으로 역할 한다.

이 논고의 이어지는 장들에서는 이방인 개종자들 역시 하나
님이 이스라엘에게 약속하신 완전하고도 진정한 유산에 대한
권리가 있음을 변호하려는 바로 그 구체적이면서도 제한적인
목적을 위해, 이와 같은 이신칭의 교리가 바울에게서 어떻게 나
오게 되었는지를 보이고자 한다. 이방인들의 권리는 오로지 예
수 그리스도를 믿는 믿음에만 근거했다. 이것이 바울의 매우 특
별한 입장이었다. 바울은 이방인 출신 그리스도인들에게 할례
나 음식법을 지키도록 요구하는 어떤 타협점에 반대하면서 자
신의 입장을 수호했다. 이방인의 사도로서 바울은 이 견해를 특
별한 임무이자 하나님으로부터 직접 받은 계시의 본질로 여기
고 지켜내려 했다. 바울의 저작 어디에서도 이 사안들과 관련하
여 유대인 출신 그리스도인들의 손을 들어준 경우는 없다. 본인
은 유대인이었지만 이방인들을 위한 특별한 사명을 가지고 있
었던 바울은 유대인 출신 그리스도인들이 이러한 점에서 자신
과 동일한 삶을 살아야 한다고 말한 적이 전혀 없다. 바울이 성
도들에게 자신을 본받으라고 권면하는 경우를 보면 언제나 자
신이 유용할 수 있는 특권이나 자유를 충분하게 누리지 않는다
는 듯이 이야기하는 것 같다(고전 11:1; 빌 3:17). 안디옥에서 베드로
를 꾸짖은 것은 베드로가 음식법을 지켰기 때문이 아니라 예루
살렘으로부터 온 자들의 압력에 자신의 태도를 바꾸었기 때문
이다(갈 2:11ff.). 즉, 바울이 로마서에서 이야기했듯, "모든 사람이

마음의 확신을 가지고 행해야 하며"(14:5), 그리고 "확신으로부터 나오지 않은 모든 것은 죄이기 때문"(14:23)이다. 우리가 다시 살펴보겠지만 갈라디아서에서 바울은 **이방인** 출신 그리스도인들의 권리와 자유를 변호하면서 방대하고도 완전한 증거(documentation: 성경을 근거로 제시하는 것을 뜻함—역주)를 제시한다.

이 모든 것들은 이제껏 우리가 들어왔던 것과 별반 다르지 않은 것처럼 들린다. 여기서 나는 어떻게, 혹은 어째서 유대인과 이방인 사이에 있는 바울의 이미지가 우리의 전통적인 이해와 단절되었는지를 다루려 한다. 한 가지 이유를 들 수 있겠다. 말하자면, 바울은 유대인과 이방인의 관계에 대하여 말하고 있는 반면, 우리는 '무엇에 근거하여 우리가 구원을 얻는가?'를 바울의 질문이라고 상정하고 바울서신을 읽는 경향이 있기 때문이다. 우리는 '믿음으로 의롭다 함을 얻는다'는 대목을 읽으면서 유대인-이방인이 하나의 예로 등장하고 있다고 생각한다. 그러나 바울은 유대인과 이방인 사이의 관계에 대해 주로 관심을 가졌다—그리고 이 관심이 발전되면서 이신칭의 사상이 바울의 주장들 중 하나로 사용되는 것이다.

이렇게 뒤바뀐 인식의 초점으로 인해 우리는 바울의 본래 사상과 본래 의도에 접근하기 어렵다. 이 현상은 바울의 사역에 대한 역사적인 서술을 왜곡시키고 한 인간으로서의 바울을 오해하게 만든다. 또한 이것은 바울이 믿음과 율법, 구원에 주목함으로써 해결하려고 했던 문제를 오독하게 만든다. 이스라엘을 향한 하나님의 약속을 이방인이 어떻게 상속할 수 있는가에 대한 바울의 대답을 그가 루터의 양심의 고통에 응답하고 있는 것처럼 읽는다면 이는 분명 질문의 본래 맥락 밖에서 바울의 대답을 취한 꼴이 된다.

'유대인과 이방인'이라는 중심성의 상실은 로마서 연구에서 가장 분명하게 느낄 수 있다. 로마서는 무엇에 관한 것인가? 바울은 어째서 그토록 중요한 시점(로마를 통해 서쪽으로 진출하기 전, 동쪽에서의 일들을 마치고 예루살렘 교회를 위해 모금하고[참조, 갈 2:10] 전달하려는 때)에 이 편지를 쓰고 있는 것일까? 내가 추측하는 바, 바울의 목적은 이신칭의의 본질에 대한 신학적 논고를 쓰는 데 있지 않았다. 결코 그럴 수 없다. 그보다도 유대인과 이방인 사이에 있었던 사도 바울은 로마서에서 아직 잘 알려져 있지 않았던 로마교회에 자신의 사역의 의미를 소개하고 있었던 것이다. 바울은 자신의 사역이 하나님의 전체적인 계획과 틀에 얼마나 잘 부합하는 것인지를 분명히 하고자 했다. 로마서가 갈라디아서와 어떻게 다른지 주목하는 것은 관심을 기울일 만하다. 즉, 갈라디아서는 **유대주의자들**(Judaizers) 즉, 유대적인 방식에 열중한 이방인들에 대해 다루는 반면, 로마서에서는 **유대인들**에 대해 이야기한다.

로마서를 상세하게 분석하는 것이 본고의 목적은 아니다.

하지만 나의 분석을 통해 바울의 변증이, 곧 바울의 이방인 선교가 어떻게 하나님의 전체 계획에 들어맞게 되는지에 대한, 그리고 어떻게 그 관점이 결국 기독교의 이방 교회화 과정을 명료하게 해주는지에 대한 큰 그림(panoramic view)이 되는지 기억할 수 있을 것이다. 동시에 바울은 하나님이 이스라엘의 구원을 위한 신비하고도 특별한 계획들을 가지고 계시다는 사실을 알았다. 이것은 곧 이스라엘이 가진 구별된 존재로서의 신비다. 그래서 바울은 이방인에게 쓸데없이 "자만하지 말라"(롬 11:18)고 선언한다.

내가 생각하는 로마서의 절정부는 교회와 회당, 교회와 유대 민족—'기독교'와 '유대교'가 아니며 복음 대 율법이 아닌—사이의 관계에 대해 고찰하고 있는 9-11장이다. 이 두 공동체의 공존과 관련한 질문은 하나님의 신비한 계획 안에 있다.

하나님 나라가 완성되는 때에 이스라엘이 예수를 메시아로 받아들일 것이라고, 바울이 말하지 않았다는 사실에 주목할 필요가 있다. 그는 단지 "온 이스라엘이 구원을 받게 될"(11:26) 때가 온다고 말했다. 바울이 이 전체 단락(10:18-11:36)에서 예수 그리스도의 이름을 사용하지 않았다는 사실은 놀랍다. 여기에는 마지막 송영(11:33-36)도 포함되어 있는데, 이는 바울의 저작 중 어떠한 기독론적 요소도 포함되어 있지 않은 유일한 송영이다.

이렇게 여기저기를 살펴본다면 로마서의 초점은 유대인과

이방인 사이의 관계지 칭의나 예정 개념 또는 다른 어떤 고상하거나 추상적인 신학적 주제가 아니라는 점이 분명해진다.

나는 여기에서 바울의 사상이 주요한 지점에 있어서 마이모니데스(Maimonides)로부터 프란츠 로젠츠바이크(Franz Rosenzweig)에이르는 후대 유대교 사상과 밀접하다고 느낀다. 기독교—마이모니데스와 이슬람의 경우와 같이—는 이방인에 대해 유일신론과도덕 질서를 요구한다는 점에서 토라의 통로로 간주된다. 이들사이의 차이점들은 분명하지만 유사점들을 간과해서는 안 된다. 예컨대, 하나님의 신비한 계획에 대해 바울이 확언하는 바는하나님의 뜻하신 바 유대교와 기독교의 공존이다. 여기에 이스라엘을 개종시키려는 바울의 선교적 열망이 억제되어 있다.

바울이 유대인과 이방인에 대해 초점을 두고 있다는 사실은해석사 안에서 사라졌고, 이 초점이 여전히 유지되었다고 하더라도 교회는 그 "신비"의 부정적인 측면—이스라엘이 예수 그리스도를 거부했다는 사실—만을 바라보면서 자만과 우월감에 사로잡혔을 것임이 자명하다. 이 신비가 교회의 중심적인 사상 안에서 작동하지 않으면서, 유대인들은 하나님을 죽인 자들이자하나님을 향해 불순종하는 자들의 전형으로 묘사되었고, 바울신학을 아름답게 영성화시킬 수 있는 길이 어느 때보다도 활짝열리게 되었다. 로마서는 믿음의 본질에 대한 신학적 논고가 되었다. 칭의(justification)는 더 이상 이방 기독교인의 지위를 유대

인의 지위와 같은 것으로서 '정당화'시키지 못하게 되었고, 도
리어 서양인의 성찰적 양심에 따른 곤경과 고통에 대한 무시간
적인(timeless: 역사적 맥락을 초월했다는 표현—역주) 대답이 되었다. 그
래서 바울은 더 이상 "유대인과 이방인 사이에" 있지 않게 되었
고 오히려 인간의 곤경에 의한 당혹스러운 문제를 위한 길잡이
로 간주되었다. 바울의 가르침은 이제 그의 사역, 선교, 목적—
이방인의 사도—과 분리되었다.

　　일단 인간의 곤경—**기독교 세계**(*corpus christianum*: 흔히 '크리스텐
덤'[Christendom]으로 불리며, 여기서는 '서구'의 기독교 세계를 지칭—역주)
안에 있었던 무시간적인 해석—이 바울 사상 해석의 배경이 되
면 바울의 여러 서신 사이에 나타나는 서로 다른 배경, 사상, 논
증의 차이들이 모호해진다. 바울의 칭의 가르침이 유대인과 이
방인 사이의 관계를 배경으로 하는 것에서 벗어나 구원에 대한
가르침의 일부가 되면서 로마서의 유대인과 갈라디아서의 유대
주의자(Judaizers) 사이의 차이에도 관심을 거의 기울이지 않게 되
었다. 더 나아가 고린도서신이나 데살로니가서신이 완전히 다
른 어휘와 문제 상황, 의도로 쓰였다는 사실을 인지하는 일은
어렵고도 부적절한 것이 되어버렸다. 일반화된 신학적 문제들
안에서 공통분모를 쉽게 찾을 수 있었기에 바울신학은 동질화
되었고, 바울의 논증의 특수성들은 흐릿해졌다. 하지만 고린도
전서에는 '이방인 가운데 있는 바울'을 들여다볼 수 있는 매혹

적인 창이 있다. 이어지는 지면에서 우리는 바울의 생각이 얼마나 풍성하고 다양한지, 그리고 그러한 인식이 어떻게 유대인과 이방인의 배경에 대한 주의를 기울이도록 요구하는지 살펴보려 한다.

이때 여전히 다음과 같은 의문들이 제기된다. 곧, 특수한 상황에 있는 개개의 교회에 보낸 바울의 편지들이 어떻게 모든 시대 모든 곳에 있는 교회를 위한 하나님의 말씀이 될 수 있는가? 현존하는 최초기 해설(discussions) 중 하나, 곧 무라토리(Muratori) 정경에 라틴어로 된 (보통 2세기로 알려져 있지만 최근 알베르트 준트베르크[Albert Sundberg]에 의해 4세기의) 신약 정경으로 간주되는 목록을 들여다보는 것은 흥미롭다. 여기에서는 개별 회중들에게 쓰인 편지가 어떻게 (보편적인) 하나님의 말씀일 수 있는지에 대한 문제를 인지하고 있다. 무라토리 정경의 해결책은 기발했다. 무라토리 정경은 바울이 일곱 교회들에 편지를 썼다는 것과 요한계시록에 마치 모든 교회를 대표하듯이 일곱 교회에 보내는 편지가 나타난다는 사실에 주목한다(1-3장). 이것은 바울의 일곱 편지를 계시록의 일곱 교회에 빗대어 성경으로 받아들일 수 있다고 시사하는 것처럼 보인다. 이는 분명 사후(事後)에 일어난 합리화기는 하지만 로마교회(무라토리 정경의 목록은 로마에서 기록된 것으로 알려져 있다—역주)가 기정사실—바울의 편지들이 정경에 포함되어 있다는 사실—을 설명하는 방식을 보여준다. 곧, 무라토리 정경은 편지가 일곱 개라는 것으로 요한계시록에 있는 하나님의 계시 패턴과 의도적으로 연관 지음으로써, 바울의 편지들이 보편적(일반적) 의도를 가지고 전체 교회를 향해 기록되었음을 나타내고 있다.

그러나 개별 서신이 성경으로 인정되면서 곧바로 동질화 과정을 겪게 되었다. 이 에세이 마지막 부분에서 우리는 적어도 바울이 어떤 문제들에 대답하려고 했는지 이해하기 위해 이 편지들을 구분할 필요가 있다는 사실에 대해 더욱 깊이 숙고할 이유를 가지게 될 것이다. 더할 나위 없이 올바른 대답이더라도 이것이 엉뚱한 질문에 적용이 된다면 바르게 이해할 수 없기 때문이다.

이어지는 지면에서 나는 바울의 원래 의도들을 밝히기 위해 몇 가지 표어와 같은 소제목들을 고안해내었다. 이때 나는 대조적인 형태—"용서라기보다는 칭의", "죄라기보다는 연약함", "회심(개종)이라기보다는 소명" 등—로 표현하면서 바울이 명시적으로든 암시적으로든 이른바 '용서'에 반대했음을 말하려는 것이 아니다. 여기서 나는 성경을 읽는 모든 독자들이 접근 가능한 아주 기본적인 방식으로서 오직 단어-연구 방법만을 사용할 것이다. 그리고 이로써 우리가 들어왔거나 인지해온 것들 중 일부가 어떻게 우리가 추정하는 것과는 매우 다른 이유나 목적으로 바울에게 존재했는지, 아니면 존재하지 않았는지 보이려

한다. 이것이 전부다. 이렇게 나는 난해하지 않은 방식을 사용했다. 바라는 바 성경을 읽는 독자들이 이 논증을 따라올 뿐 아니라 자신의 것으로 삼게 되었으면 좋겠다. 우리의 시야는 지식의 부족이 아니라 우리가 안다고 생각하는 것에 막히곤 한다. 이 책은 대단히 학문적이지는 않을 것이다. 본문을 단순하게 읽어 내려가는 끈기를 요할 것은 분명하다.

2. 회심(개종)이라기보다는 소명

다메섹 도상에서 바울이 체험한 사건을 사람들은 보통 바울의 회심(개종)이라고 부른다. 사도행전에는 이 사건이 세 가지 형태로 들어있고(9:1-19; 22:4-16; 26:9-19), 갈라디아서에도 관련 구절이 하나 나타난다(1:11-17). 이러한 이야기들을 읽으면 바울의 체험을 "개종" 사건이라고 말해도 될 듯하다. 보통 그러한 사건을 가리켜 "개종"이라는 단어를 쓰기 때문이다. 기독교인을 박해할 정도로 확고한 유대 신앙을 지닌 유대인이었던 사람이 급작스럽고 압도적인 체험을 통해 기독교인이 된 이야기처럼 보인다. 하지만 이 이야기들을 꼼꼼히 읽으면 사도행전에 언급된 내용과 갈라디아서에서 바울 자신이 말한 내용 둘 다 이 경험 "이전"과 "이후" 사이에 커다란 연속성을 볼 수 있다. 이 이야기 안에는 우리가 **회심/개종**이라는 단어가 보통 뜻하는 개인의 "종교"가 변화되었다는 내용이 없다. 바울은 이 체험을 한 이후에도 똑같은 하나님을 섬겼다. 그는 (이 체험을 통해) 하나님을 섬기는 데 새롭고도 특별한 소명을 받은 것이다. 하나님의 메시아가 이방인에게 하나님의 메시지를 전하라고 유대인 바울에게 책무를 부여하셨다. 이 이야기들은 개종이 아니라, 언제나 임무 부여의 측면을 강조한다. 바울은 "개종된" 것이 아니라 특별한 임무를 수행하도록 부르심을 받았다. 부활하신 주님을 경험하고 명확하게 된 이 사명은 바로 이방인을 향한 사도직을 가리킨다. 한 분이신 하나님은 유대인과 이방인 모두의 하나님이시다. 이 하나님을 위해 예수 그리스도는 바울을 직접 손으로 고르셨다.

다른 사람들이 보도한 것보다는 자기 자신이 스스로에 대해 밝히는 것이 대체로 정확하다는 전제하에, 바울이 이러한 임무를 수행하도록 소명 받은 이야기를 직접 말하고 있는 부분을 먼저 살펴보자. 바울은 예수 그리스도의 계시를 통해 복음을 받았다고 말하고 나서(갈 1:12) 이렇게 이야기한다. "내가 이전에 유대교에 있을 때에 행한 일을 너희가 들었거니와 하나님의 교회를 심히 핍박하여 잔해하고 내가 내 동족 중 여러 연갑자보다 유대교를 지나치게 믿어 내 조상의 유전에 대하여 더욱 열심이 있었으나 그러나 내 어머니의 태로부터 나를 택정하시고 은혜로 나를 부르신 이가 그 아들을 이방에 전하기 위하여 그를 내 속에 나타내시기를 기뻐하실 때에 …"(갈 1:13-16, 개역한글). 이는 우리가 보통 바울의 개종 사건이라고 부르는 것에 대해 그 자신이 가장 구체적으로 언급한 부분이다. 표준적인 그리스어 성경(Nestle-Aland)에는 바울이 여기에서 구약의 구절을 끌어왔다는 표시가 있다. 대부분의 영어 성경도 각주나 관주를 통해 바울이 구약을 인용하고 있음을 명확히 보여준다. 바울은 하나님이 자신을 어머니의 자궁에서부터 구별하셨고 은혜로 자신을 부르셨으며, 이방인 선교 임무를 부여하셨다고 말한다. 이사야 선지자는 다음과 같이 썼다. "주님께서 이미 모태에서부터 나를 부르셨고, 내 어머니의 태 속에서부터 내 이름을 기억하셨다"(사 49:1, 새번역). 또한, "땅 끝까지 나의 구원이 미치게 하려고, 내가 너를 '뭇 민족의 빛'으로 삼았다"(사 49:6, 새번역). 예레미야의 소명 이야기도 이와 비슷하다. "내가 너를 모태에서 짓기도 전에 너를 선택하고, 네가 태어나기도 전에 너를 거룩하게 구별해서, 뭇 족속(nations)에게 보낼 예언자로 세웠다"(렘 1:5) 여기에서 "족속"은 이방인, 즉 히브리어로 '고임'(goyim)이다. 갈라디아서에서 바울은 자신의 체험을 이사야나 예레미야가 선지자로 부르심을 받은 소명 이야기와 유사한 것으로 묘사한다. 그는 하나님과 그리스도의 메시지를 이방인에게 전하기 위해 하나님께서 구약의 예언자를 부르셨던 것처럼 손수 자신을 고르셨다고 느꼈다. 빌립보서에서 바울은 스스로를 "히브리인 중 히브리인이며 율법으로는 바리새인이고 열심으로는 교회를 핍박했으며 의로움으로는 율법 아래 흠이 없었다"고 말했다. 하지만 바울은 자신의 배경 자체를 문제시하지 않으면서도 자기가 소중하게 여긴 이전의 가치들이 아무리 대단한들 그리스도에 대한 지식과 깨달음의 빛 아래에서는 아무것도 아니라고 말한다. "그러나 나는 내게 이로웠던 것은 무엇이든지 그리스도 때문에 해로운 것으로 여기게 되었다. 그뿐만 아니라 내 주 예수 그리스도를 아는 지식이 가장 고귀하므로, 나는 그 밖의 모든 것을 해로 여긴다. 나는 그리스도 때문에 모든 것을 잃었고, 그 모든 것을 오물로 여긴다. 나는 그리스도를 얻고, 그리스도 안에 있는 사람으로 인정받으려고 한다. 나는 율법에서 생기는 나 스스로의 의가 아니라, 그리스도를 믿는 믿음으로 말미암아 오는 의 곧 믿음에 근거하여, 하나님에게서 오는 의를 얻으려고 한다"(빌 3:7-9). 이로 미루어 볼 때 유대인인 바울이 자신의 유대 신앙을 버리고 그리스도인으로 되었다는 식으로, 즉 개종이라는 틀로 설명하는 것은 실제 바울의 체험에 적용될 수 없음이 분명하다. 즉, (이 사건을 개종이라는 틀로 바라보는 것은) 바울 자신이 아니라 우리 후대 해석자들의 관점이다. 바울은 회심/개종이 아니라 소명을 통해 자신의 선교 사역을 새롭게 이해했고, 이방인들에게 장벽이었던 율법에 관해 새로운 이해를 가지게 되었다. 그의 사역은 다음과 같은 확신에 기반을 두었다—곧, 이방인들이 율법과 상관

없이 하나님의 백성의 일원이 될 수 있다는 확신 말이다. 이것
이 바울이 받은 신비로운 계시이며 지식이다.

물론 바울이 사도로서 소명 받은 이야기를 말할 때 특히 절
실하게 자신을 변호하려는 의도가 있었다. 예루살렘 교회에는
사도적 권위를 직접 받았다는 바울의 주장을 받아들이지 않고,
사도권은 보다 높은 권위를 가진 사람들에게서 인정을 받아야
만 한다는 사람들이 있었던 것 같다. 바울은 그러한 견해를 완
강히 거부하면서 직접 소명을 받았다고 주장했다. "형제자매 여
러분, 내가 여러분에게 밝혀드립니다. 내가 전한 복음은 사람에
게서 비롯된 것이 아닙니다. 그 복음은, 내가 사람에게서 받은
것도 아니요, 배운 것도 아니요, 예수 그리스도의 나타나심으로
받은 것입니다"(갈 1:11-12).

사도행전에서도 "소명"이라는 주제가 두드러진다. 단지 바
울의 체험에 더 많은 세부적 묘사가 더해졌다는 차이가 있을 뿐
이다. 사도행전 9장을 보면 바울의 소명은 아나니아를 통해 바
울에게 전해졌다. 주님은 아나니아에게 바울이 "선택받은 도
구"라고 말씀하셨다(행 9:15). 여기에서 주님의 선택을 받은 요원
(agent)이라는 이미지는 예레미야 1:5(1:10 참고)과 이사야 49:1을
떠올리게 한다. 하지만 이 사건은 어떤 한 "종교"에서 다른 종교
로 개종한 것으로 묘사되지 않는다. 그보다는 아나니아가 들은
바 선교에 대한 구체적 소명으로 묘사된다. "주님께서 그에게

말씀하셨다. '가거라. 그는 내 이름을 이방 사람들과 임금들과 이스라엘 자손들 앞에 가지고 갈, 내가 택한 내 그릇이다'"(행 9:15). 사도행전 22장에서 아나니아는 바울에게 이렇게 말한다. "우리 조상의 하나님께서 당신을 택하셔서, 자기의 뜻을 알게 하시고, 그 의로우신 분을 보게 하시고, 그분의 입에서 나오는 음성을 듣게 하셨습니다. 당신은 그분을 위하여 모든 사람에게 당신이 보고 들은 것을 증언하는 증인이 될 것입니다"(행 22:14-15). 그리고 나서 바울은 황홀경 중에 주님의 말씀을 듣는다. "가라. 내가 너를 멀리 이방 사람들에게로 보내겠다"(행 22:21). 사도행전 26장은 9장과 22장의 내용과 다소 차이점이 있다. 26장에서 바울은 하늘로부터 빛을 보고 주님의 목소리를 듣는다. "자, 일어나서, 발을 딛고 서라. 내가 네게 나타난 목적은, 너를 일꾼으로 삼아서, 네가 나를 본 것과 내가 장차 네게 보여 줄 일의 증인이 되게 하려는 것이다. … 이방 사람들 가운데서 너를 건져내어, 이방 사람들에게로 보낸다. 이것은 그들의 눈을 열어 주어서, 그들이 어둠에서 빛으로 돌아서고, 사탄의 세력에서 하나님께로 돌아오게 하며, 또 그들이 죄 사함을 받아서 나에 대한 믿음으로 거룩하게 된 사람들 가운데 들게 하려는 것이다"(행 26:16-18). 이 구절은 예언자 에스겔의 환상과 소명을 연상시키는 (사실 에스겔 1:28의 직접 인용에 가까운) 시각적 경험, 망설임, 그리고 주님의 말씀으로 이루어져있다. "일어서라. … 내가 너

를 이스라엘 자손에게, 곧 나에게 반역만 해온 민족에게 보낸
다"(겔 2:1, 3). 이방인에게 가라는 바울이 받은 임무는 예레미야
를 연상시키기도 한다: "내가 너를 누구에게 보내든지 너는 그
에게로 가고, 내가 너에게 무슨 명을 내리든지 너는 그대로 말
하여라"(렘 1:7). 더욱이 바울이 이방인 가운데서 성취하려는 일
은 눈먼 사람의 눈이 뜨이게 될 것(사 35:5; 42:7, 16)과 구원이 올
것이라는 예언들을 반영한다(사 61:1).

사도행전이 보도하는 이야기들, 특히 9장과 22장은 바울이
자신의 체험을 해석해 줄 이가 필요했다는 점을 말하지만, 그럼
에도 갈라디아서와 사도행전 둘 다 예언자적 소명이라는 전통
을 반영하고 있다. 따라서 바울의 체험을 "회심/개종"이라는 용
어를 사용해 표현한다면 예레미야와 이사야 같은 예언자들의
체험에도 "회심/개종"이라는 단어를 사용해야 할 것이다. 그러
나 우리는 예레미야와 이사야의 체험을 회심이라고 하지 않는
다. 그들의 체험을 우리는 소명이라고 부른다. 바울의 체험도
소명이었다─하나님께서 임명하신 이방인의 사도라는 구체적
소명 말이다. 핵심은 선교다. 바울의 체험은 회심이 아니라 복
음 전파자로 소명을 받은 사건이었다. 핍박하던 자가 사도가 되
었기 때문에 이 소명은 더욱 위대했다.

바울의 생애에 이 "회심"이 가져온 큰 변화 중 하나가 사울
에서 바울로 이름이 바뀐 것이라는 말을 우리는 종종 듣는다.

사실 사도행전에서 이름의 변화는 회심이 아니라 부르심이라는 주장에 매우 유익한 정보를 준다. 우선 그리스어 본문에서는 두 개의 이름이 아니라 세 개의 이름이 등장한다. 13:9까지는 사울로스(*Saulos*), 그 후로는 파울로스(*Paulos*)로 나오고, 그 외 실제 소명 이야기에서 주님과 아나니아는 그를 사울(*Saoul*)이라는 이름으로 부른다(9:4, 17; 22:7, 13; 26:14). 그러므로 소명 혹은 회심이 이름의 변화를 가져온 것은 분명 아니다. 결정적인 편집의 흔적 (13:9)은 다음과 같은 배경 안에 나타난다. 키프로스(구브로)에서 사울로스는 로마 총독 서기오 바울 앞에서 주술사이자 유대인 예언자인 바예수/엘루마와 대립하고 있다. 9절은 이렇게 말한다. "그러나 파울로스라고도 불리는 사울로스가 성령에 가득 차 말했다. …" 그리고 이 시점부터 사도행전은 그를 바울(파울로스)이라고 부른다. 왜일까? 이 이야기는 로마 관료와 바울의 첫 만남을 기록하고 있다. 사도행전의 목적이 예루살렘부터 로마까지 복음이 전파되는 것을 보여주는 것이라면(행 1:8 참고), 이름이 바뀐 것은 초점의 변화를 상징하는 것이 분명하다. 이제부터 로마가 관심을 끌어당기는 "자석"이다. 이야기의 초점은 선교에 있다. 그러므로 회심이 아니라 소명에 초점이 맞춰진다.

그렇다면 소명과 회심의 차이는 무엇일까? 차이가 매우 크지는 않겠지만 사소한 사항으로 다투지 말고 두 단어의 적절한 구분에 집중해보자. 서양 전통에 있는 우리 대부분은 바울의 변화를 흔히들 회심 체험이라고 하는 것과 동일한 것으로 생각했다. 그러나 이는 바울을 제대로 이해하는 데 두 가지 어려움을 야기시킨다. 먼저, "회심/개종"이라는 용어는 바울이 "그 자신의 종교를 바꾸었다"는 생각, 즉 유대인이 기독교인이 되었다는 생각을 우리에게 쉽게 불러일으킨다. 하지만 이러한 생각에 의문을 제기할 충분한 이유가 있다. 우선 바울이 살던 당시 사람들은 "종교들"(religions)에 관해 생각하지 않았다.[1] 더욱이 이방인의 사도로서의 임무를 수행할 때도 바울이 유대인으로 계속 남아 있었음은 분명하다.

둘째, 회심이라는 개념을 사용하면 바울의 굉장히 특별한 경험과 일반적 종교 체험—인간을 설복시켜 신앙을 불러일으키는 그리스도와의 만남을 경험하는 것—을 쉽게 구별 짓는 결과를 낳는다. 그리고 바울의 회심 경험이 그를 선교사와 사도로 만들어 낸 너무나 심원하고 독특한 것이었다고 여기면, 우리는 그가 기독교인이 되었다는 것과 사도가 되었다는 사실을 구분

---

1. 역주, 그리스-로마 시대 사람들은 현대인이 생각하는 형태의 다양한 "종교"에 대한 관념을 가지고 있지 않았고 따라서 이 종교에서 저 종교로 바꾸는 "개종" 행위가 있었다고 기술하기 어렵다는 의미다. 최근 다수의 서양고전학자와 종교학자는 고대에 "종교"라는 개념과 단어 자체가 없었다는 데 의견을 같이 한다. "종교"라는 용어를 부지불식 간에 "기독교적 형태를 지닌 신조로 구성된, 구원을 약속하는 어떤 믿음 체계"로 간주하면 고대 "종교"를 다룰 때 쉽게 오류에 빠질 수 있다.

지어 생각하게 된다. 그러나 성경 본문(사도행전과 바울서신 둘 다)은 완전히 다른 모습을 보여준다. 이는 핍박하는 자가 이방인에게 복음을 전하는 특별한 임무를 부여받은 사도로 선택되고 부르심을 받았다는 내용이다. 계속해서 우리는 그의 선교 임무 및 사역과 바울이라는 인물이 긴밀하게 연결되어 있음을 보게 된다. 그가 쓴 편지에서 "나"는 "기독교인"이 아니라 "이방인의 사도"를 나타낸다. 이것이 내가 회심이 아니라 소명(부르심)이라고 부르는 이유다.

이와 마찬가지로 바울과 루터의 차이점을 인식하는 것도 중요하다. 바울의 체험은 서양의 신학이 당연시 여겼던 내적인 회심 체험이 아니었다. 이 구분은 다음과 같은 이유에서 무척 중요하다. 우리 서양인, 특히 종교개혁 전통 안에 있는 이들은 루터나 깔뱅 같은 사람들의 체험을 통해 바울을 읽을 수밖에 없다. 이것이 바로 우리 대부분이 바울을 제대로 이해하지 못하는 주요 이유다. 예를 들어, 루터의 모습에서 우리는 율법의 무서운 요구 아래 애쓰는 인간, 절망에 빠진 인간, "어떻게 내가 은혜로우신 하나님을 찾을 수 있을까?(How am I to find a gracious God?)"라는 질문을 절대적으로 중요한 신학적-실존적 질문으로 여긴 인간을 보게 된다. 루터는 자신이 더 열심히 노력할수록 더욱 부족함을 느끼게 된다는 사실을 깨달은 사람이고, 그의 경건 행위를 통해 하나님 앞에서 결점들과 무익함이라는 깊은 구

렁텅이를 마주하게 된 사람이며, 지옥의 문 바로 앞으로 걸어가
던 사람이었다. 즉, 그는 자신의 내면에서 가장 강렬한 죄책감
을 느낀 사람이었다. 젊은 루터는 바울 안에서, 그리고 "의로운
이는 믿음으로 살 것이다"라는 바울의 문장(그리고 그와 유사한 구
절들)을 통해 하나님의 바로 이 메시지가 어떻게 그를 절망으로
부터 들어올려 은혜라는 견고한 요새 안에 두셨는가를 발견했
다(루터가 그의 감동적인 찬송에 썼듯이 말이다).

　루터와는 대조적으로 바울은 대단히 행복하며 신실한 유대
인이었다. 빌립보서를 보면 그는 기독교적 관점에서 자신을 회
고할 때조차도 "의로움에 관한 한 율법 아래서 (나는) 흠이 없었
다"(빌 3:6)고 말할 수 있는 사람이었다. 바로 **이것이** 그가 말하는
바였다. 그는 어떠한 내적 고통이나 문제를 겪지 않았으며, 양
심의 가책이나 흠결이 있다고 느끼지 않은 사람이었다. 우리가
사도행전의 내용을 신뢰할 수 있다면(22:3), 바울은 (비유하자면)
그의 품행과 학업성취 덕분에 가말리엘의 "신학교"에서 1,000
달러의 장학금을 받을 만한 출중한 학생이자 매우 행복한 유대
인이었다. 바울의 편지 그 어느 곳에서도 유대인으로서 율법의
요구를 성취하는 데 어려움을 느꼈다는 내용을 찾을 수 없다.
우리는 종종 빌립보서에 있는 바울의 말을 인용하고 설교한다.
"뒤에 있는 것은 잊어버리고, 앞에 있는 것을 향하여 몸을 내밀
면서 …"(빌 3:13 이하, 새번역). 하지만 이 구절에서 바울이 말한

"잊어버리는 것"이 정확히 무엇인지 이해하는 사람은 거의 없다. 그가 잊어버리는 대상은 자신의 결점과 잘못이 아니라 그가 이룬 성취다. 그가 쓰레기로 여기는 것은 바로 이 모든 성취(업적)들이다(빌 3:8). 바울이 (회심) **이전**에 심리적으로 심각한 양심의 가책 문제를 실제 가지고 있었다거나 혹은 그런 문제를 가지고 있었던 것 같다고 추측할 증거는 어디에도 없다. 유대인으로서 바울은 "낙담의 골짜기"(Valley of Despond)를 향해 걷지 않았다. 그는 명예로운 길만 걸었다. 과거의 명예와 성취가 그를 교회의 핍박자로 만들었다는 사실에 대해 소명을 받은 **이후**에 후회했지만(고전 15:9), 그가 선교의 소명을 받기 전에 그러한 후회나 의심을 가졌다는 단서는 없다. 사도행전에 나오는 세 종류의 소명 이야기에서 핍박자로서의 바울이 언급될 때 어떠한 자책이나 죄책에 대한 언급이 없다는 사실도 놀랍다. 박해자가 사도가 된 사건은 오로지 하나님에게 더 큰 영광을 돌릴 일이었다.

내가 볼 때 위와 같은 바울에 대한 묘사들은 루터의 "탑에서의 체험"(tower experience)이나 종교개혁 전통과는 무척 다르다. 종교개혁 전통의 최근 조류인 실존주의적 색채를 띤 심리적 접근은 기독교 설교자들이 정신분석가와 심리학자를 넘어서려는 시도로 특징지을 수 있는데 여기에서 바울 자신과의 차이가 두드러진다. 인간의 모든 노력과 희망을 헛되고 약점 투성이인 것이라 말하는 우리의 병적인 자기학대 능력에서 특히 그러하다.

하지만 바울이 스스로를 죄인이라고 말한 적이 있는가? 분명히 그는 그렇게 말했다. 그러나 그의 삶에서 구체적이고 유일한 죄, 즉 그가 실제 언급한 죄는 교회를 핍박했던 것이다(고전 15:9). 이런 종류의 죄를 깨닫기 위해 인간 내면의 양심의 가책을 들여다 볼 필요는 없다. 바울은 이 죄를 벌충하고 만회했다고 굉장히 솔직하게 말한다. 더욱이 그는 이 죄의 벌충을 위해 얼마나 노력했는지 자랑스럽게 이야기한다. "나는 (교회를 핍박한 끔찍한 죄를 짓지 않은) 다른 사도들보다 훨씬 더 열심히 일했다"(고전 15:10). 물론 이렇게 열심히 일하게끔 한 주체는 바울이 아니다. "내가 아니라 나와 함께 하신 하나님의 은혜다"(고전 15:10). 바울은 이 구체적인 죄를 이미 벌충했다고 확신했다. 여기에서 우리는 무척 강건한 내면을 소유한 인간으로서의 바울을 볼 수 있다. 바울은 자신의 내면을 들여다보며 고통에 시달렸던 사람이 아니다. 바울과 루터의 차이점, 그리고 아마도 바울과 현대 서양인들의 차이점이 바로 여기에 있다. 고린도후서 5:10-11을 보면 교회 앞에서 바울이 견고한 내면을 내비치는데 이것은 분명 우리에게 낯설게 들린다. "우리는 모두 그리스도의 심판대 앞에 나타나야 합니다. 그리하여 각 사람은 선한 일이든지 악한 일이든지, 몸으로 행한 모든 일에 따라, 마땅한 보응을 받아야 합니다. …" 그는 고린도 교인들을 향해 말을 계속 이어간다. 심지어 주님의 심판 앞에서 그리고 하나님에 대한 두려움을 지닌 채 바울은 그가 분명히 (책잡힐 것이 없음이) 드러날 것이라고 한다(he has been cleared; 고후 5:11). 그리고 나서 바울은 고린도인들도 역시 그에 대해 호의적인 인상을 가지기를 희망한다고 말을 보탠다. 이러한 말은 그다지 겸손하게 들리지 않는다. 바울의 말은 스스로를 의인인 동시에 죄인(simul justus et peccator)으로 인식하는 사람이 하는 말 같지 않다. 그러므로 바울을 죄로 인해 내적으로 고통받는 사람이었다고 여기는 우리의 바울 읽기는 뭔가 어긋난 것이 있어 보인다.

바울이 쓴 편지들을 읽으면서 위의 논의에서 얻은 우리의 관찰 결과를 날카롭게 다듬는 게 중요하다. 바울을 이해할 때 마주하는 낯섦의 이유를 설명해 줄 두 가지 요소를 이미 지적했다. 바울 읽기를 엇나가게 만드는 주된 원인은 우리 서양인에게 만연한 "자기반성적 사고" 경향이다. 하지만 우리는 다음과 같이 질문할 수 있다. 바울이 그의 "깨끗한 양심"(고전 4장)에 대해 말할 때 그는 일반시민 개인으로서 그러하다는 것인가 아니면 선교사로서 그렇다는 것인가? 또는, 그리스도인으로서의 바울은 유대인으로서의 바울이 그랬던 것처럼 스스로에 대해 당당했는가? 나는 바울이 거리낌이 없는 건강한 양심을 지녔다고 생각한다. 고린도전서 4:1-5에서 이점을 분명히 볼 수 있다.

사람은 이와 같이 우리를, 그리스도의 일꾼이요 하나님의 비밀을 맡은 관리인으로 보아야 합니다. 이런 경우에 관리인에게 요구하는 것은 신실성입니다. 내가 여러분에게서 심판을 받든지, 세상 법정에서 심판을 받든지, 나에게는 조금도 문제가 되지 않습니다. 그뿐만 아니라, 나도 나 자신을 심판하지 않습니다. 나는 양심에 거리끼는 것이 없습니다. 그러나 이런 일로 내가 의롭게 된 것은 아닙니다. 나를 심판하시는 분은 주님이십니다. 그러므로 여러분은 주님께서 오실 때까지는, 아무것도 미리 심판하지 마십시오. 주님께서는 어둠 속에 감추인 것들을 환히 나타내시며, 마음 속의 생각을 드러내실 것입니다. 그 때에 사람마다 하나님으로부터 칭찬을 받을 것입니다. (새번역)

이 단락에서 바울은 자신이 약자의 위치에 있을 때에도 (자신이 신실하며 양심에 거리끼는 것이 없음을) 시간이 증명해 줄 거라고 한다.

우리는 여기에서 성서해석에서 가장 복잡한 문제인 성서의 학문적 연구와 그리스도인의 삶이라는 주제에 직면한다. 시대와 상관없이 인간은 (변하지 않고) 똑같다는 말을 종종 듣는데 이게 전적으로 맞는 말은 아닐 것이다. 통상적으로 사람들은 이런 표현들을 모든 시간과 상황에 들어 맞는 것처럼 사용한다. 물론 여기에서 문제는 사람이 "똑같다"(the same)는 표현이 과연 어떤

의미인가 하는 것이다. 사람들은 보통 "기본적으로는 똑같
다"(basically the same) 혹은 "본질적으로는 같다"(essentially the same)
고 말한다. 이런 (애매한) 표현은 상황의 변화에 따라 진실이 증
발하거나 손질되거나 변할 수 있도록 용인하는 안전장치와 같
다. 인간의 곤경에 관한 아주 기초적인 이해에 있어서도 바울과
우리 현대인 사이에, 그리고 신약성서와 우리 시대 사이에 큰
간격이 있다는 것은 분명하다. 이번 장에서 우리는 바울의 메시
지가 행위에 기반한 의로움을 내세우는 유대교로부터 이신칭의
로 말미암은 복된 상태를 내세우는 기독교로 개종하는 것과 아
무런 관련이 없음을 이해해야 한다. 바울의 신학 작업의 핵심은
이방인의 사도, 즉 유대인과 이방인을 창조하신 한 분 하나님(참
고, 롬 3:30)의 사도로 부르심을 받았다는 사실에 있다.

이런 결론은 "소명"(부르심, call)과 "회심"(개종, conversion)을 섬
세하게 구분할 때 얻을 수 있다. 바울 연구에서 오랜 시간 논의
된 문제들 중 하나도 이러한 구분과 관련이 있다. 바울서신이
작성되고 여기저기에서 읽히기 시작한 뒤 최소 삼백 년 동안
"율법의 행위 없이 (오직) 믿음으로 의롭게 됨"이라는 바울신학
의 근본 요지가 교회의 가르침과 사고(thinking)에서 거의 찾아볼
수 없었다는 사실에 서구의 학자들은 충격을 받았다. 물론 초기
교회는 바울을 사도로, 그리고 그의 편지를 신성한 정경으로 받
아들이고 그의 글을 인용했다. 바울의 글은 교회에서 존경을 받

앉지만, 여느 종교 문헌에서도 쉽게 찾을 수 있는 "금언"(golden sayings) 정도로만 인용되었다. 그러나 바울의 칭의교리를 다룬 초기 교회의 인물은 거의 없다.

바울 이후 삼백 년 이상 지나고 난 뒤에야 아우구스티누스가 바울신학의 중핵을 "칭의"라고 보았고, 우리에게 익숙한 바울의 이미지를 부상시켰다. 이렇게 이상한 상황이 벌어진 이유는 다음과 같다. 초기 교회는 바울이 실제 역설한 내용을 유대인과 이방인의 관계라고 본 것 같다. 초기 교회는 수세기 동안 이러한 관점에 아무런 문제를 느끼지 않았다. 하지만 초기 교회에서 유대인과 이방인의 문제에 대해 어떤 의견 교환이나 진지한 논의가 지속되지 않았고, 결국 바울의 말들이 어떤 면에서는 현실과 별 상관없는 것이 되었다. 이 시기는 자기에게만 몰두한 (self-serving) 기독교의 반-유대주의(반-셈족주의까지는 아니더라도)가 유대인과 이방인의 관계에 대한 바울의 관점을 삼켜 없애버린 때다. 반-유대주의는 바울이 로마서 11장에서 감지하고 퇴치하려고 했던, 승리에 도취된 바로 그 문제 많은 태도다.

최초의 진정한 서구인이라고[2] 불리우는 아우구스티누스는

2.   역주, 아우구스티누스가 현대적 의미의 자기반성과 자의식을 담은 최초의 저작을 남긴 사람이라는 의미다. 서양고전학자와 인류학자에 의하면 현대 서양인과는 달리 고대인에게는 개인적 자의식이 없었고 자신의 정체성을 자신이 속한 집단과 동일시했다고 한다. (물론 이러한 통설에 반대하는 학자도 있다.)

고대 세계와 기독교 역사에서 최초로 자아에 집중한 영적 자서
전(『고백록』)을 저술한 인물이다. 바울의 이신칭의 교리를 내적
양심의 문제에 적용한 사람이 바로 아우구스티누스다. 그는 이
런 질문을 던졌다. "어떤 근거를 기반으로 사람이 구원을 얻을
수 있을까?" 아우구스티누스로부터 내면의 성찰을 강조하는 서
방 기독교가 시작되었다. 중세시대에 들어서면서 이러한 경향
은 수도원과 세속사회 둘 다의 특징을 이루는 자기 점검(self-ex-
amination) 지침과 고해성사와 더불어 더욱 발달했다. 사람들은
점점 더 자신의 자아를 분석하는 데 명민해졌다. 하나님이 구원
의 역사 속에서 언제 구속을 이루실 것이냐는 질문 대신, 하나
님이 개인 영혼의 가장 깊은 곳에서 어떻게 일하시느냐라는 질
문에 완전히 사로잡힌 채 사람들은 자신의 내면에 몰두하게 되
었다. 흑사병은 이러한 경향을 강화시켰다. 중세시대 후기에도
경건한 사람들이 많았다. 이러한 중세의 경건을 단지 면벌부를
구하려 이리저리 돌아다니거나 점점 더 외식화되는 모습으로
그려서는 안 된다. 진지하게 말씀을 받아들이며 괴로워하는 이
들도 많았다. 그 중 한 명이 바로 마르틴 루터였다. 루터는 아우
구스티누스주의자였다. 그는 자기반성적 양심과 씨름하면서 바
울을 읽었고, 거기에서 자신의 문제에 대한 하나님의 대답을 찾
았다. 그가 씨름했던 문제는 서구 중세 후기 경건의 문제였고
이윽고 서구인 전체의 문제가 되었다. 예수가 사용했던 언어 혹

은 초기 기독교 문서가 작성된 언어들과 가까운 언어를 사용해
온 그리스 교회, 러시아 정교회, 시리아 교회, 콥트 교회, 그리고
마르 도마 교회는 성경을 충실하게 읽고 설교와 교육 자료를 남
겼는데, 이러한 자료에서 루터가 씨름했던 것과 같은 문제에 대
한 관심이 거의 없다는 점은 시사하는 바가 크다. 자기 내면을
들여다보는 양심은 서구에서 발전된 것이며 서구인의 질병이
다. 자기반성적 양심이 서양 문화를 관통하는 신학적 혈관 속에
흐르게 되었을 때, 그것은 원래의 기능을 훌쩍 뛰어넘는 영역까
지 지배하기 시작했다. 자기반성적 양심은 신학적 최대치까지
도달해서 결국 종교개혁으로 폭발했다. 비종교계에서는 지그문
트 프로이트(Sigmund Freud)로부터 같은 현상이 일어났다. 그러나
바울 자신은 이러한 일과 전혀 상관이 없다.

　갈라디아서 3:24을 번역한 두 가지 영어성경을 비교해 보면
우리가 바울을 오해하게 되는 전형적 예를 볼 수 있다. 흠정역
(The King James Version, 이하 KJV)과 개정표준번역(Revised Standard Ver-
sion, 이하 RSV) 둘 다 그리스어 문법적으로 볼 때 가능한 번역이
다. 하지만 갈라디아서 3:24의 KJV은 신학적으로 분명히 치우
친 것임에도 불구하고, 자기반성적 양심이라는 문제에 적절하
게 연결될 수 있었기 때문에 오랫동안 그 번역의 정확성에 도전
을 받지 않았다. KJV은 갈라디아서 3:24을 이렇게 번역했다:
"율법은 우리를 그리스도께 이끄는 우리의 학교 교사(schoolmas-

ter)였다." 이 번역문은 그리스어 단어 '파이다고고스'(paidagōgos)
를 "학교 교사(남자)"(종종 선생[tutor]으로도 번역됨)로 번역했고, '에
이스 (크리스톤)'(eis [Christon])를 공간적 의미의 전치사인 "~에
게"(unto)로 번역했다. 신학적으로 볼 때, 이렇게 번역하는 것은
율법의 엄청난 명령들로 야기되는 죄책감으로 인해 그리스도께
나아가 새 생명 안에서 은혜와 용서를 갈구하는 인간의 모습을
보여주는 유용성이 있다. 그러나 그리스어 원문은 이와 다르게
번역될 수 있다. 사실 바울이 살던 시대나 그 이전에 '파이다고
고스' 라는 단어가 사용된 용례를 참고하면 더 정확하게 번역할
수 있다. RSV는 이렇게 번역한다. "그리스도가 오실 때까지 율
법은 우리의 보호관리자(custodian)였다." 그리스어 단어 '파이다
고고스'는 학교 교사나 선생을 뜻하지 않았다. 어린이가 해를
받거나 괴롭힘을 당하지 않고 등교할 수 있도록 보호하는 일을
맡은 "노예" 혹은 "엄격한 보호관리자"를 의미했다. 게다가 '에
이스 크리스톤'(eis Christon)도 "그리스도가 오실 때까지"라는 시
간적 표현으로 번역될 수 있다. 갈라디아서 3:24의 그리스어 본
문은 KJV의 번역이나 RSV가 번역한 식으로 다양하게 번역될
수 있으나, 이 두 역본의 번역문은 서로 매우 다른 신학적 입장
을 반영한다. 하나 더 주목할 점이 있다. KJV의 "우리의 학교 선
생"이라는 번역에서 "우리"는 바울과 갈라디아인 신자들을 의
미하는 데 비해, RSV은 분명하게 "우리"라는 표현을 바울과 그

의 동료 유대인을 가리키는 것으로 번역한다. 여기에서 우리는 같은 그리스어 문장을 완전히 반대되는 의미로 이해한 두 가지 번역문을 본다. 그리스어 표현이 사용되었던 당대의 의미에서 볼 때, 그리고 이 문장이 들어있는 맥락(특히 23절에서 "~전에"라는 언급이 있음에 주목하라)을 감안해서 보면 RSV의 번역이 옳은 것은 의심의 여지가 없다.

이제 이 구절이 포함된 전체적 맥락을 면밀하게 살펴보자. 바로 여기에 우리의 관심사가 들어있기 때문이다. 전체적 맥락은 이방인이 할례받지 않고 교회의 일원이 될 수 있는가에 대한 문제를 두고 벌어진 갈라디아 교회의 정황이다. 할례가 논의의 중심이다(2:3; 5:2; 5:11; 6:2). 바울의 주장은 다음과 같다—이방인 신자가 반드시 유대교를 거쳐 기독교인이 될 필요는 없다. 이방인에게는 율법과 상관없이 그리스도에게로 곧장 갈 수 있는 길이 있다. 지금까지 나는 바울의 이러한 논증이 우리에게 익숙하다고 생각한다. 아마도 또 다른 이슈는 음식 규율과 관련 있었을 것이다. 하지만 할례 문제가 논의의 최정점을 차지하게 되었다. 이 측면을 깨닫는 것이 굉장히 중요하다. 유대인, 유대교, 율법, 할례, 음식 규율, 혹은 유대교 절기나 유대 달력에 대해 누군가 말하는 것을 들을 때마다 우리는 "아, 저 사람은 율법주의의 문제를 다루고 있구나"라고 말한다. 그렇기 때문에 우리는 바울이 **실제로** 무엇에 대해 논하고 있는지 꾸준하게 살펴봐야 할 필요가 있다. 음식 규율의 문제보다 할례 문제를 더욱 급진적으로 바울이 해결하고 있다는 사실은 매우 분명하다. 이방인은 어떤 상황에서도 할례를 받아선 안 된다. 그러나 음식 규율은 약한 형제가 넘어지지 않을 만한 수준 안에서 다루어졌다. 이러한 문제들을 개신교인의 관점에서 일반적 의미의 율법주의의 예로 단순하게 바라본다면 우리는 바울의 메시지를 제대로 파악할 수 없다. 율법주의의 문제에 직면할 때 기독교인들 사이에 많은 입장 차이가 생긴 이유가 바로 이 때문일 수도 있다.

자신의 주장을 선명하게 하기 위해 바울은 율법에 대해 논해야만 했다. 그는 자신이 알고 있는 유대 전통의 관점으로부터 율법의 문제를 다루었다. 바울에게 익숙했던 유대교 가르침에 의하면 율법은 창조 이전부터 존재했고 영원무궁히 지속될 영속적인 것이었다.

갈라디아서의 이 단락(3:24)에서 바울은 바로 이러한 견해가 틀렸다는 점을 율법을 통해 (오로지 오경을 인용하면서) 증명하는 고된 작업을 했다. 바울에게 있어서 토라는 구약의 모세오경과 더욱 일반적인 의미의 율법 둘 모두를 의미했다. 갈라디아서 3장과 4장에서 바울이 토라의 영속적 유효성에 반대하는 논증을 오경 자체에서 끌어낸다는 것에 주목해야 한다. 바울은 율법에 관해 논할 때 **율법을 가지고** 증명하고 있다. 토라에 관한 자신의 논증을 펼칠 때 그는 토라를 사용한다. 그렇다면 바울은 무엇을 말하고 있는가? 아브라함에게 약속이 주어진 후 430년 뒤에서야 율법이 주어졌기 때문에 토라가 영원한 것이 아님이 분명하다고 말한다. 아브라함과 그의 씨(seed, "자손")에게 먼저 약속이 주어졌다. 바울은 여기에서 이 "씨"(seed)가 그리스도를 가리킨다고 주장한다. 바울이 주장하는 바의 핵심은 다음과 같다. 약속이 주어진 뒤 430년이 흘러서야 율법이 주어졌고, 이 약속은 아브라함과 취소될 수 없는 언약이 맺어질 때 주어졌다. 그러므로 약속은 영속적인 것이며, 율법은 후대에 덧붙여진 것이다.

바울은 갈라디아서 3:19에서 율법을 깎아내리는 수많은 이유들을 열거하며 이 주장을 이어간다. 첫째, 율법은 범법으로 인해 추가되었다. 이 점에 대해 (학계에서) 토론이 오가지만, 내가 확신하기로는 바울의 이 주장은 유대교와 기독교 모두 공통적으로 가르치는 바이기도 했다. 즉, 시내산에서 받은 율법은 사실 두 번째로 주어진 "개정판"이다. 왜냐하면 모세가 첫 번째 돌판들을 가지고 내려올 때 황금 송아지를 보고 분개하여 그 돌판들을 깨부수었기 때문이다. 그래서 모세는 다시 산꼭대기로 올라갔고 율법의 두 번째 판본을 받았는데, 주석가들의 해석에 의하면 이 율법은 불신실하고 불순종하는 백성의 범법에 초점을 맞춘 것이었다. 그러므로 이 율법은 순수하고 궁극적인 진짜 율법이 아니라, 모든 법률들이 그러하듯이, 그것이 저지해야 하는 악한 실체에 의해 오염된 것이었다. 율법이 범법 때문에 더해졌다고 바울이 말할 때 아마도 이러한 것을 의미한 것 같다.

둘째, 율법은 시간적인 제한, 즉 그 "씨(자손)"가 오기 전까지라는 제한을 두고 주어졌다. (RSV는 "그 약속을 받은 이들에게 그 자손이 오실 때까지"라고 번역한다.) 그러므로 율법은 미래의 측면에서 볼 때도 영속적인 것이 아니다.

셋째, "율법은 중개자를 통해 천사들에 의해 제정되었다." 천사가 율법을 전달했다. 따라서 중개하는 이가 있었다. 이러한 이야기는 유대 전통에서 보통 율법을 영예롭게 하는 것이었으나, 바울은 이를 정반대로 사용한다. 심지어 바울은 일군의 중개자들이 있었을 뿐만 아니라 또 한 명의 중개자인 모세가 있었다고 말하면서 자신의 주장을 강화한다. 율법은 중개자 없이 직접 주어진 것이 아니라 여러 중개자들을 통해 주어졌다. "중개자는 한 편에만 속하지 않는다. 그러나 하나님은 한 분이시다" (갈 3:20). 이러한 논증은 율법이 하나님의 구원에 대한 궁극적이며 절대적이고 직접적인 표현이 아니라는 점을 말해준다.

또한, 이 율법은 생명을 주기 위한 목적으로 수여된 것이 아니다. "만일 그렇다면 의로움은 정말 율법으로부터 왔을 것이다"(갈 3:21). 생명을 주는 율법이 주어졌더라면, 당연히 우리는 율법에 의해 의롭게 되었을 것이다. 그러나 바울은 율법이 주어진 이유는 그것이 아니라고 한다. 율법이 주어진 이유는 무엇인가? 바울에 의하면, "성경이 모든 것들을 죄 아래 가두었는데 이는 예수 그리스도에 대한 믿음으로부터 말미암은 약속이 믿는 이들에게 주어지기 위해서다"(갈 3:22). 비유적으로 말하자면, 이방인도 참석해야 하는 성대한 파티가 열리기 전, 이스라엘이라는 어린이들이 냉장고를 열어 음식을 꺼내 먹지 않도록 감시하는 무서운 보모(baby sitter)의 역할을 하게끔 율법이 주어졌다는 것이다. 성서 언어를 사용해서 좀 더 표현하면, "믿음이 오기 전 우리(유대인)는 율법 아래 감시를 받으면서 믿음이 계시될 때까지 갇혀 있었다"(갈 3:23). 다시 말해, 하나님의 약속이 그리스도, 메시아에 대한 믿음에 달려 있도록 그리고 예수 그리스도를 믿는 사람에게 주어지도록, 성경은 모든 것을 죄라는 감옥에 가두었다.

"믿음이 계시될 때까지"(갈 3:23)라는 표현과 "그러나 이제 믿음이 도래했다"는 표현은 "믿음"이라는 단어가 사용되는 흥미로운 예를 보여준다. 이 표현에서 믿음이라는 단어를 "그리스도"로 바꿔 읽어서 "그리스도가 계시될 때까지" 또는 "그리스도가 오시기 전까지"로 해석할 수도 있다. 신약성경에서 "믿음"은 단지 신학적 태도를 말하는 것이 아니다. 믿음은 우리의 마음을 하나님을 향하게 하고 하나님의 약속들을 붙잡는 것만 의미하지 않는다. 믿음은 믿음의 내용에 의해 온전히 정의될 수 있다. "믿음이 계시될 때까지"라는 표현은 "인간이 믿을 수 있는 메시아가 오시기 전까지"라는 의미이다. 하지만 메시아가 오시기 전에는 우리가 메시아를 믿을 수 없다. 왜냐하면 바울에게 있어 믿는다는 것은 예수가 메시아라는 선언을 받아들이는 것이기 때문이다. 그러므로 주님의 부활(바울은 "메시아의 오심"이 부활과 함께 일어나는 것으로 본다) 전에 유대인은 율법 아래 갇혀 있었고 "믿음(그리스도)이 계시될 때까지 매여 있었다." 그리스도가 오시기 전까지 율법은 우리(즉, 바울과 그의 동시대 유대인들)의 '파이다고고스'였다.

앞에서 보았던 대로 우리 시대에 "교사"(pedagogue)는 최고로 훌륭한 선생을 말하지만, 고대 그리스인과 바울에게는 교사보다 낮은 지위의 사람을 뜻하는 말이었다. 고대 그리스와 로마 시대에 '파이다고고스'(paidagōgos)는 일종의 보육자로서, 어린이를 학교에 데려다 주고, 집 밖에서 어떻게 행동해야 하는지 가르치며, 잘못을 저지르지 않고 어려움(예를 들어 동성애 관계)에 빠지지 않게 관리하며, 교육기관까지 동행하면서 돌보는 노예를 뜻했다. 그리스 희극과 로마의 부조(reliefs)에서 항상 '파이다고고스'는 교육받지 못한 거친 노예로 그려졌다. 예를 들어 '파이다고고스'는 어린 남학생의 귀를 잡아 들어 올리는 사람으로 묘사되었다. 그러므로 이 단어는 "선생"(tutor)보다 "보호관리자"(custodian)로 번역하는 것이 더 적절하고 정확하다. 바울의 논증에 의하면 율법은 그리스도의 도래 전까지 보호관리자로 기능했다. 바울이 그렇게 생각한 이유는 무엇인가? 바울은 하나

님이 역사를 어떻게 이끌어 가시느냐 하는 관점에서 모든 일을
바라보았기 때문이다. 그는 이러한 관점을 그리스어 단어 '히
나'(*hina*), 즉 "~하기 위해"라는 단어로 표현했다. "그리스도께서
오실 때까지(만) 율법은 우리의 보호관리자였는데, 이는 우리가
믿음에 의해 의롭게 되기 위해서였다"(갈 3:24). 믿음에 의해 의
롭게 되는 것은 오직 그리스도 안에서만 가능하다. "그러나 이
제 믿음(그리스도)이 왔으므로, 우리는 더 이상 보호관리인(돌보미)
아래에 있지 않다. 그리스도 예수 안에서 여러분은 모두 하나님
의 자녀다. 여러분 중 누구든지 그리스도를 향해 물에 잠기는
세례를 받은 사람은 그리스도를 입었다"(갈 3:25-27). 이 문장에서
주어가 "우리"(바울 및 동시대 유대인)에서 "여러분"(갈라디아인)으로
바뀐 것에 주목하라.

　　이러한 논리적 사고를 통해 바울은 모두가 그리스도 안에
하나이고 유대인과 헬라인, 노예와 자유민, 남성과 여성 사이에
어떤 구분도 없다는 결론에 이르렀다. 모두가 아브라함에게 주
어진 믿음의 상속자다(갈 3:28-29). 내가 앞에서 다소 우스운 냉장
고 비유를 통해 말하려 했던 바를 바울은 이처럼 무척 평이한
언어로 정확하게 표현했다. 그러나 의아하게도 아우구스티누스
이후 서구의 전통과 역사 전체에서 이 단락은 바울이 말했던 바
와 정반대로 해석되어왔다. 서구의 교리 전통에서 율법을 "그리
스도께 이끄는 우리의 선생"이라고 말할 때 우리는 어떤 해석

을 하고 있는 것인가? 그리스도인이 되기 위해서는 각자의 흠
결과 죄책을 깨달아야 하고, 이를 위해 모든 그리스도인은 율법
을 통해 가르침을 받아야 하며, 결과적으로 각 사람이 메시아와
구원자로서의 그리스도를 필요로 한다는 사실을 절실히 깨달아
야 한다는 것이다. 그러나 이러한 해석은 바울의 말을 완전히
거꾸로 뒤집는 것이다. 율법의 역할이 끝났다는 바울의 말은 율
법이라는 터널과 통로를 통하지 않고 그리스도께 직접 갈 수 있
는 가능성을 주장하는 것이다.

그렇다면 도대체 우리는 어떻게 서양의 자기반성적 해석에
다다르게 되었는가? 그 이유는 다음과 같다. 하나님의 말씀을
읽을 때 메시지가 우리에게 직접 다가오는 것으로 인식해야 한
다는 생각과 더불어, 성경에서 "우리"(we)나 "우리의"(our)라는
단어가 등장할 때 그것을 개개인을 향한 것으로 받아들여야 한
다고 생각했기 때문이다. 성경은 율법이 "우리의 선생" 혹은
"우리의 보호관리인"이라고(이었다고) 말한다. "성경이 '우리'라
고 말하지만 이러저러한 경우에는 그게 나를 지칭하는 것이 아
니라 과거의 어떤 인물들을 가리키는 것이다"라고 감히 (일반화
시켜) 주장할 권위는 내게 없다. 하지만 이 본문에서 "우리"라는
단어는 분명히 "나 바울과 내 동족 유대인들"을 뜻한다. 여기에
서 "우리"가 **우리 이방인들**을 가리킨다고 보는 견해는 완전히 틀
렸다. 사도행전에서 "그리고 우리는 크레테(Crete)를 향해 항해

했다"는 구절이 나올 때, "우리"라는 단어를 설교를 듣는 현대의 청중을 가리키는 것으로 이해해야 한다고 주장하는 설교자는 아마 없을 것이다. 하지만 신학적 맥락에서 그러한 대명사가 나올 경우 사람들은 그 대명사를 자기 자신을 가리키는 것으로 오해하는 경우가 많다. 바울의 편지에서 "우리"나 "우리들의"라는 표현은 많은 경우 단지 바울 자신을 지칭한다(문체상 복수를 쓰는 예). 하지만 그 외의 많은 중요한 본문에서, 분별하기 까다로울 때가 있지만 "우리"라는 단어가 "우리 유대인"이라는 의미를 지니며 "너희 이방인들"이라는 표현과 정반대의 뜻으로 쓰인다. 로마서 3:9이 좋은 예다. 여기에서 RSV는 그리스어로 "우리"라는 단어를 "우리 유대인들"로 번역한다. 이러한 구분에 민감해지는 것이 중요하다. 단순히 신약의 가장 위대한 신학자이자 심원한 신학적 사고를 했던 개신교의 영웅으로서의 바울에만 관심을 집중하지 않고, 개종한 사람이 아니라 이방인과 유대인 가운데 소명을 받은 사도로 바울을 바라본다면, 우리는 바울이 살던 시대와 그가 당면했던 상황의 빛 아래서 성경을 읽고 그가 쓴 것을 더욱 정확하게 이해할 수 있다. 바로 이것이 성경을 우리 자신이 살고 있는 시대와 상황에 적용하기 위한 첫 번째 조건이다.

3. 용서라기보다는 칭의

　신약성경의 그리스어 컨코던스(concordance: 신약성경의 각 단어가 성경 어느 곳에 나오는지를 꼼꼼한 목록으로 엮은 책—역주)를 찾아 읽어 보면, 바울서신에서 "의로움"(dikaiosunē)이라는 단어와 그 연관어들인 "의롭다는 선언을 받다/의롭다고 여겨지다", "무죄판결받다"(dikaiousthai), "의로운"(righteous), "정의로운"(just, dikaios) 같은 단어가 바울의 신학적 사고의 특정 부분에 집중적으로 나온다는 사실에 놀라게 된다. 그러나 바울이 쓴 것이 틀림없다고 인정되는 편지들에서 "용서"(aphesis)라는 명사와 "용서하다"(aphienai)라는 동사는 놀라울 정도로 거의 등장하지 않는다. 동사 "용서하다"의 한 형태는 바울의 주요 편지들 가운데 단 한 번만 등장한다(롬 4:7). 이 구절에서 바울은 "용서받았다"는 표현이 들어있는 시편 32:1을 인용해야만 했기에 이 동사를 피치 못해 사용했다. 하지만 그는 "용서"라는 명사를 피하고, 그 대신 자기가 좋아하는 "의로움" 또는 "정의"라는 단어를 급히 덧붙인다(롬 4:9). "용서"라는 명사는 골로새서와 에베소서에서 각각 한 번 나오는데, 이 편지들은 바울 자신이 아니라 바울계 기독교 전통에 있는 익명의 저자가 저술했을 가능성이 아주 높다. 어쨌든 골로새서 1:14과 에베소서 1:7에서 명사 "용서"는 "구속"(redemption)이라는 단어의 동의어로, 그리고 "구속"의 뜻을 확장하거나 설명하기 위한 용례로 등장한다.

그러나 이런 사실과는 상관없이 '용서'는 강대상에서나 현대 서구 기독교에서 예수 그리스도의 사역의 영향과 열매의 총체를 서술하기 위해 가장 자주 쓰이는 단어다. 설교를 할 때나 교회 모임에서 서로 이야기를 나눌 때 우리가 증거하는 것도 그리스도를 통해 얻은 용서다. 요즘에는 "그리스도께서 주시는 속죄를 당신은 경험했습니까?"라고 서로에게 질문하는 사람이 거의 없다. 칭의, 구속, 구원, 화해, 속죄 같은 단어들을 정통주의를 나타내는 이름표라고 주장하는 이들이 있지만, 이 단어들은 (원뜻보다) 과도한 신학적 의미를 내포하게 되었다. 솔직하게 말하면 이 단어들은 모두 용서라는 의미와 다를 바 없게 되었다. 이게 바로 우리가 용서라는 단어에 대해 느끼는 감정이 연원한 과정이다. 그런데 왜 우리는 우리의 감정을 부끄럽게 여겨야만 하는가?

용서를 이토록 크게 강조하게 된 이유가 무엇인지 궁금한 사람도 있을 것이다. 내가 추측하기로는 타고난 어떤 강력한 심리적 경향이 우리 마음과 관심사 속에 있기 때문인 것 같다. 사람은 이 같은 심리적 성향을 타고 났기 때문에 죄와 죄책감에서 벗어나기 위한 노력을 하는 것이고, 이 과정에서 가장 적절하게 사용될 수 있는 심리학적 개념이 "용서"다. 다시 한번 추측을 해 보자면 죄와 죄책감을 해결하기 위한 노력이 중요하게 된 이유는 다음과 같은 사실에서 찾을 수 있을 것 같다. 즉, 인간이 하나님이나 창조된 세계의 운명보다는 자기 자신에 관해 훨씬 더 관심을 기울이게 되었다는 것이다. 바로 이것이 오늘날 일반적인 기독교의 모습이다(여기에 반드시 비난의 의미가 내포되어 있는 것은 아니지만 말이다). 하나님께서 세상 만물을 돌보실 것이라 확신하는 가운데 우리의 관심사는 빠르게 "인간론"(anthropology)으로 이동한다. 인간 자신에 대한 관심은 기독교인으로서의 경험과 맞물려 더 쉽고 자연스러운 것으로 여겨진다. 자신의 신학 작업 전체에서 루돌프 불트만(Rudolf Bultmann)은 커다란 과오 하나를 저질렀고, 이 과오에서 다른 모든 과오들이 뻗어 나왔다. 불트만은 인간론(인간에 대한 교리)을 모든 신학적 해석의 중심으로 간주했다. 이 주장이 (신학적으로 볼 때) 사실일 수도 있지만, 불트만의 이런 견해는 바울의 사고에 대한 조망을 완전히 무너뜨리며 파괴한다.

우리가 기본적으로 자기에게 몰두하는 성향을 가지고 있다는 점을 인정하면, 바울의 신학적 사고에서 용서에 대한 강조가 거의 없다는 사실과 칭의에 더 강조점을 두고 있다는 사실을 이해할 수 있게 된다. 바울서신을 제외한 나머지 성경 본문에서 '용서하다'라는 단어가 꽤 많이 등장하기 때문에 위의 주장에 동의하지 않는 사람들이 있을 수 있다. 바울이라는 인물이 용서에 대해 어느 정도 맹점을 가지고 있었던 것은 분명하다. 정말 그것을 "맹점"이라고 부를 수 있다면 말이다. "용서"와 "용서하다"라는 단어는 복음서, 사도행전, 히브리서, 야고보서, 요한일서, 그리고 요한계시록에 나온다. "용서"는 구약에서 유래한 성서적 용어이며 예수 전승에도 빈번하게 등장한다. 더구나 "용서"라는 단어가 나오는 성경 본문 대부분은 심리학적 내용이나 인간론적 내용을 전혀 담고 있지 않다. 하지만 바울을 이해하려 노력할 때 바로 이러한 심리학적이며 인간론적으로 읽으려는 경향과 늘 맞서 싸워야 한다. 바울의 생각을 1세기의 맥락 안에서 이해하기 위해서는 내가 아는 오랜 기독교의 역사와 경험을 잊어버리고 그의 말을 제대로 들으려는 매우 힘든 작업을 해야만 한다. 바울은 왜 칭의에 대해 이야기를 하는 걸까? 그리고 칭의라는 용어를 가지고 바울은 무슨 말을 하려는 걸까?

우리는 다시 컨코던스를 보아야 한다. 그러면 "칭의"라는 단어와 함께 동일한 어근을 지닌 관련어가 바울서신 중 특정한 편지 한 곳에서 집중적으로 등장하는 것을 볼 수 있다. 그 편지가 바로 로마서인데, 여기에 칭의에 관한 단어가 약 50회 정도 나온다. 그보다는 수가 적지만 갈라디아서에서 이 단어들은 중요한 대목에서 13번 나오고, 그 외 고린도전후서와 빌립보서를 합쳐 약 15번 등장한다. "칭의"라는 단어가 바울신학에 있어 고유한 의미로 쓰일 때, 즉 행위가 아니라 믿음으로 말미암는 "칭의"라는 의미로 쓰이는 경우는 로마서와 갈라디아서에만 나오는데 특히 로마서에서 두드러진다. 이 현상은 마지막 편지일 가능성이 높은 로마서를 쓸 때에서야 바울에게 "칭의"가 중요한 것으로 다가왔을 것이라고 설명할 수도 있다. 그러나 몇 가지 이유에서 나는 그런 설명에 동의할 수 없다. 바울의 편지 중 이른 시기에 속하는 것들 중에도 "칭의/의로움"이라는 개념의 중요성이 간간이 나오기에 이 개념이 바울의 사역 후반부에 들어서야 비로소 구체화된 잠정적 통찰이라고 보기는 어렵다. 이는 오히려 초기의 편지를 작성할 때 그 개념이 (비록 상세하게 표현되지 않았더라도) 이미 원숙한 사고로 들어섰음을 보여주는 표시다. 이 문제에 대해 내가 제시하는 간단한 대답은 다음과 같다. 바울의 이신칭의 교리가 등장하게 된 신학적 배경은 유대인과 이방인 사이의 관계에 대한 고심에서 찾을 수 있다. 인간이 어떻게 구원받을 수 있을까에 대한 문제도, 어떻게 인간의 행위가 평가되어야 하는가 하는 문제도, 어떻게 개인의 자유의지가 주창되거나 억눌려져야만 하는가에 대한 문제도 이신칭의 교리가 등장한 신학적 배경/맥락이 아니다.

이신칭의에 대한 구절들 중에 로마서 3:28과 1:17이 가장 빈번하게 거론된다. RSV성경은 로마서 3:28을 다음과 같이 번역했다: "사람이 율법의 행위들과는 별도로 믿음에 의해 의롭게 된다"(a man is justified by faith apart from works of the law). (루터는 이 구절을 번역할 때 "alone"이라는 단어를 덧붙였다—사람이 믿음으로만[by faith alone]

의롭게 된다. 루터는 이 구절을 진정한 루터파적 문장으로 만들고 싶어했다. 그럼에도 불구하고 루터는 어떤 측면에서 옳았다고 할 수 있다. 그의 번역은 NEB[New English Bible]보다는 과하지 않았다. NEB는 이렇게 번역한다: "인간은 율법 준수에 성공하는 것과는 전혀 상관없이[quite apart from] 믿음에 의해 의롭게 된다.") 바울은 로마서 1:17에서 논증을 전개하며 하박국 2:4을 인용한다. RSV는 다음과 같이 번역했다: "기록되어 있는 대로, '믿음을 통해 의로운 사람은 살 것이다(He who through faith is righteous shall live).'" 나는 이 문장의 동사(to live)가 미래시제라는 사실을 더 부각시켜 다음과 같이 풀어서 번역하고 싶다: '**의로운 사람이 믿음에 의해 살게 될 시간이 올 것이다.**'

　　위에서 말한 로마서의 두 구절이 지금까지 말한 바를 잘 보여주는 전형적 예다. 사실 이 구절들 말고도 더 많은 예들이 있다. 우리는 다음의 사실에 주목해야 한다. 유대인과 이방인에 관한 구체적 언급이 있는 구절, 또는 그러한 구절과 인접해 있는 단락에서만 이신칭의에 대한 내용이 나온다는 것이다. 로마서 3:28-29을 보라. "우리는 사람이 율법의 행위와 상관없이 믿음에 의해 의롭게 된다고 생각한다. 하나님은 유대인들만의 하나님이신가? 이방인들의 하나님도 되시지 않겠는가? 그렇다. 이방인들의 하나님이시기도 하다." 로마서 1:16-17의 내용도 이와 비슷하다. "실상 나는 복음을 부끄러워하지 않는다. 복음은 믿는 사람 모두의 구원을 위한 하나님의 힘이다. 첫째로 유대인에게, 그리고 또한 헬라인에게다. 왜냐하면 하나님의 의로움은 믿음으로부터 믿음으로 계시되고 있기 때문이다. 기록된 바, '의인은 믿음으로 말미암아 살 것이다.'"

　　물론 이러한 예를 드는 것만으로는 내 주장이 맞다고 할 수 없다. 바울이 로마서(5:14)와 고린도전서(15:45 이하; 참고, 15:22)에서 각각 한 번씩 아담과 그리스도, 혹은 첫 번째 아담과 마지막 아담(그리스도)을 유형론이나 평행대구법을 사용하여 어떻게 논증하고 있는가를 주목하는 것이 더 도움이 될 것이다. 로마서 5장에서 아담과 그리스도에 대한 논증은 이신칭의에 대한 흥미로운 주장과 맞물려있다. 고린도전서 15장의 아담 이야기에서 바울은 이신칭의를 떠올릴 만한 말은 전혀 하지 않는다. 이로 미루어 보건대, 이신칭의 교리는 바울신학의 기본 원리나 통찰을 체계화하는 보편적이며 유일무이한 가르침이 아니라, 바울의 사고 안에서 매우 구체적이고 특별한 역할을 하고 있는 것 같다. 나는 이방인이 하나님 나라에서 차지하는 지위를 옹호하기 위한 문제(바울이 부르심을 받을 때 부여된 임무)와 씨름했던 바울의 신학적 사고에서 칭의교리의 기원을 찾을 수 있다고 생각한다.

　　이신칭의를 말하는 구절의 상당 부분이 로마서에 집중되어 있다는 사실은 중요하다. 로마서는 무엇에 대해 쓴 글인가? 세계를 향한 하나님의 계획, 그리고 바울의 이방인 선교가 하나님의 계획에 어떻게 들어맞는지에 관한 것이다. 로마서의 핵심은 로마서 3장이나 7장이 아니다. 특히 로마서 7장은 우리가 가장 인간론적 관점으로 읽어온 본문이자 기독교인들이 심리학자보다 더 심리학적으로 해석한 본문이다: "나는 나 자신의 행동을 이해할 수 없다. 나는 내가 원하는 것을 하지 않고, 오히려 내가 가장 싫어하는 것을 한다. … 내 안에, 즉 내 육신에 선한 것이 없다는 사실을 나는 안다. 나는 옳은 것을 바랄 수 있으나 그것을 행할 수는 없다. 나는 내가 원하는 선한 일을 하지 않고, 내가 원하지 않는 악을 행한다. … 나는 얼마나 비참한 사람인가! 누가 나를 이 죽음의 몸에서 건져낼 것인가?" 이 본문은 **우리가 어떤 식으로** 로마서 7:15, 18-19과 7:24을 인용하는지 보여준다. 하지만 이는 바울이 말하는 바가 아니다. 바울은 이렇게 말한다: "나는 나 자신의 행동을 이해할 수 없다. 나는 내가 원하는 것을 하지 않고 오히려 내가 미워하는 바로 그 일을 행한다. 이제 내가 원하지 않는 것을 내가 행한다면, 나는 **율법이 선하다**는 것에 **동의한다.** 그렇다면, 그러한 일을 행하는 주체가 더 이상 내가 아니라 내 안에 거주하는 죄다. … 그러므로 나는 법칙 하나를 발견한다. 내가 옳은 일을 하기 원할 때 악함이 나와 가까이 있다는 것이다. 나는 내 자아의 가장 깊은 곳에서 하나님의 율법을 즐거워한다"(롬 7:15-17, 21 이하). 바울은 죄짓는 것에 스스로가 책임이 있다고 느끼지 않았다. 그는 하나님 편에 서있다! 바울은 지금 말한 로마서의 구절에서 "개신교적/청교도적 죄책감"을 드

러내지 않았다. 로마서 7장에는 자서전적이거나 실존적 색채가
없다. 여기에서 바울은 자아가 하나님 편에 서 있고 율법이 선
한 것이라는 점을 밝히기 위해 스토아철학을 비롯한 여러 고대
철학에서 잘 알려진 논증을 사용한다. 이런 내용은 분명 로마서
의 핵심이 아니다.

로마서의 진정한 핵심은 유대인과 이방인의 관계를 다루는
9-11장 본문에 있다. 유대인과 이방인의 관계는 하나의 신비로
바울에게 계시되었다(롬 11:25; 갈 1:12; 참조, 롬 16:25). 사람으로부터
받은 것이 아니고 사람의 가르침에서 받은 것이 아니라 예수 그
리스도를 통해(갈 1:12) 바울이 받은 구체적인 계시와 신비는 궁
극적으로 단 하나다. 바로 사도적 권위를 가지고 이방인에게 그
리스도를 전하는 것이다(갈 1:16). 제2바울서신(바울이 쓰지 않았으나
바울의 이름으로 후대에 작성된 편지—역주) 중 하나인 에베소서의 저자
가 이 점을 잘 요약했다: "이방인들은, 복음을 통해 그리스도 예
수 안에서, (유대인들과 함께) 공동 상속자이고, 같은 몸의 지체이
며, 약속의 공동 수혜자이다"(엡 3:6).

바울은 로마서 9-11장에서 구약성경의 구절을 자주 인용한
다. 구약으로부터 인용된 구절들은 다음과 같은 희망적 내용을
담고 있다—모든 이스라엘이 약속된 메시아를 믿고 그분을 받
아들이면 이방인을 포함한 모든 사람이 구원받을 것이다. 하지
만 이방인에게 복음을 전하는 유대인이었던 사도 바울의 귀에

들린 영광스러운 비밀은 하나님께서 당신의 은혜 안에서 이러한 계획을 바꾸셨다는 내용을 담고 있다. 이제 유대인들이 메시아를 받아들이지 않고 복음 메시지를 거부한 것이 오히려 이방인이 하나님의 백성이 될 수 있는 가능성을 열어 놓는 계기가 되었다. 특히 로마서 11장에서 바울은 충만한 수의 이방인이 하나님의 백성이 되는 그 때에 궁극적으로 유대인도 질투를 통해 (롬 11:11) 구원을 받게 될 것이라고 말한다(11:15, 25-27). 바울의 관심을 끌어당긴 중심적 주제는 이방인과 유대인이 함께 하나님의 백성에 속하게 되는 것이다.

이러한 맥락에서 보면 사도행전의 바울의 선교 사역 이야기 속에서 그가 했던 행동을 고찰하는 것이 도움이 된다. 사도행전은 바울이 새로운 도시에 들어갈 때마다, 그가 (비록 큰 성공을 거두지 못했지만) 설교할 유대인 회당에 먼저 갔다고 말한다. 단지 소수의 여성만 바울의 메시지를 받아들였는데(행 16:1, 14; 18:2), 1세기 유대인인 그에게 그리 큰 성과는 아니었다. 대체로 유대인은 바울의 메시지를 거부했으므로(행 13:43-45; 14:1 이하; 17:1-7), 바울은 회당을 떠나 이방인에게 복음을 전파하기 위해 저잣거리로 나갔다. 이것은 하나의 패턴으로 보인다. 어떤 선교학 교수가 사도행전의 이 이야기를 가지고 바울을 대단한 전략가라고 말할지도 모르겠다. 즉, 바울이 선교 대상을 넓히기 위한 출발점으로 그가 접근 가능했던 회당을 먼저 사용했다는 식으로 말이다. 그러나 내가 보기에는 사도행전 저자가 의도적으로 바울의 선교를 이런 패턴으로 기록한 것 같다―유대인들의 거부를 확인하고 나서야 바울이 복음을 이방인에게 전하게 되었다고 말하기 위해서 말이다. 로마서 9-11장은 이 점을 신학적으로 설명한다.

칭의가 믿음에 달려 있으므로 유대인과 이방인 모두 동등하게 그리스도에게 갈 수 있게 되었다는 논증이 들어있는 로마서 1-8장은 말하자면 일종의 서문으로서 9-11장에 들어있는 핵심적 계시에 덧붙여졌다고 할 수 있다. 이 서문(즉, 롬 1-8장)은 "인간이 어떻게―행위? 율법? 혹은 다른 어떤 방법?―구원을 받을 수 있는가?"라는 문제를 다루지 않는다. 단지 바울은 "서문"에서 유대인과 이방인으로 구성된 교회의 기초가 구약성경에 이미 나와있다는 점을 매우 지적이며 강력한 신학적 논증을 통해 주장한다. 이 점을 보여주는 가장 좋은 예가 아브라함이다: "아브라함이 하나님을 믿었고, 이것이 그에게 의로움으로 간주되었다"(롬 4:3에서 인용된 창 15:6). 로마서 1-8장은 이방인과 유대인 모두 똑같이 죄를 지었으며(롬 3:9 이하), 이 두 그룹 모두 동일하게 칭의를 통해 구원받을 수 있다고 말한다(롬 3:21-30).

바울이 살던 시대에 있었던 "메시아에 대한 기대들"을 살펴보면 바울의 사고 과정을 명확히 볼 수 있을 것이다. 당시의 유대인들은 메시아가 도래할 시점에 관해 두 가지 가능성이 있다고 생각했다. 하나님의 온 백성이 율법에 순종하는 완벽한 의로움의 때에 메시아가 오거나, 아니면 불의가 정점에 달한 때에 메시아가 오거나. 종말론적 묵시문학에서는 오로지 흑과 백만 있을 뿐 회색지대는 없다. 즉, 구원 아니면 정죄, 천국 아니면 지옥이 있을 뿐이었다. 유대인들이 가졌던 기대도 마찬가지였다. 그들은 하나님의 백성이 온전히 경건하거나 전적으로 죄 가운데 있을 때 메시아가 올 것이라 기대했다. 바울은 메시아가 이미 오셨다고 믿었으므로, 시대가 완전히 선한 것이 아니라는 걸 (그래서 결과적으로 전적으로 악한 시대라는 걸) 알기 위해 사회학적, 심리학적 통찰을 필요로 하지 않았다. 이것이 로마서 1장에서 바울이 논증하고 있는 내용이다. 메시아가 이미 오셨고, 때는 선한 시대가 아니라 죄로 물들어 있는 시대였다. 하나님의 의로움이 계시되었을 뿐만 아니라(롬 3:21), 하나님의 진노도 나타났다 (롬 1:18). 하나님의 진노는 말하자면 의로움과 칭의의 또 다른 측면이라 할 수 있다. 바울은 이방인들이 사는 세계의 타락상을 다소 어두운 색채로 묘사하는데, 이러한 묘사는 사회학적 연구에 근거한 것이 아니라 모든 것이 전적으로 나쁜 상태에 있다는 아주 명확한 신학적 전제에 근거를 두고 있다. 그리고 바울은 계속해서 율법을 소유한 유대인이 어떠한 이점도 가지고 있지 않고 뽐낼 만한 위치도 아니라는 것을 보여준다(롬 2장). 세상 전체가 죄의 세력 아래 있기 때문이다(롬 3:1-20). 상황이 이러하기 때문에 바울은 하나님의 의로움이 계시될 때라고 결론을 내렸다: "그러나 지금 하나님의 의로움이 율법과 상관없이 분명히 나타났는데 … 이는 예수 그리스도에 대한 믿음을 통해 모든 믿는 이를 위한 하나님의 의로움이다. 왜냐하면 어떤 차이도 없기 때문이다. 모든 사람이 죄를 지었으므로 하나님의 영광에 이르지 못했고, 그들은 선물로 그의 은혜를 통해 의롭게 되었다"(롬 3:21-24).

왜 바울은 의로움(righteousness)/칭의(의롭다고 인정받음, justification)라는 단어를 사용한 걸까? "의로움"이나 "칭의" 모두 같은 그리스어 단어(*dikaiosunē*)를 번역한 것인데, 뭔가 특이하고 자연스럽지 않은, 이해하기 어려운 단어다. "믿음에 의한 칭의/의로움"이란 문구는 우리에게 굉장히 익숙한 것이지만, 의로움/칭의라는 단어에 대한 배경 지식 없이는 무척 이상하게 들리는 문구다. 의로움/칭의이라는 단어를 이해하기 위해 필요한 배경지식은 바로 히브리어다. "드보라의 노래"로 알려진 사사기 5장은 구약학자들이 판단하기에 구약성경에서 가장 오래된 본문인데 (창세기 1장이 가장 오래된 글이 아니다!), 여기에 그리스어 단어(*dikaiosunē*)의 배경이 되는 히브리어 단어가 등장한다. 사사기 5:11을 문자적으로 번역하면 이러하다: "그곳에서(물 긷는 곳에서) 그들은 야웨의 의로우심(*tsidhqoth*)을 노래하여라." KJV는 주님의 "의로운 행위들"로, RSV는 주님의 "업적들"로, NEB는 주님의

"승리" 또는 "업적들"로, JB(Jerusalem Bible)는 주님의 "축복들"로, NAB(New American Bible)는 주님의 "정의로운 행동들"로 번역했다. 물론 어떤 면으로는 이 모든 번역이 다 맞다고 할 수 있겠지만, 그 중에 일부 번역은 직역을 지향하고 일부는 더 정확하거나 이해하기 쉬운 해석을 지향하고 있다. 어떻게 주님의 의로운 행위들을 이스라엘 백성이 노래할 수 있을까? 주님의 의로운 행위들이란 무엇인가? 하나님께서 당신의 백성을 그들의 적들로부터 보호하시고 정당함을 입증해주셨다는 것은 사실이다. 그런데 왜 이러한 하나님의 행동을 "의로운 행위"라고 부르는 걸까? 피로 얼룩진 전쟁을 의로운 행위라고 할 수 있을까? 바로 이런 행동이 이 구절에서 칭송받고 있는 것은 분명하다.

실제로 사사기 5:11은 일군의 백성, 민족, 혹은 종족이 하나님의 백성이라는 정체성을 확고하게 가지고 있던 상황, 시간, 또는 분위기를 담고 있다. 따라서 하나님의 의로움이 현시된다는 것은 이 백성이 고양되어 있고 승리감에 도취되었다는 것과 이 백성의 적들이 패배했다는 것을 의미한다. 그러므로, 하나님의 백성에게 있어서 (하나님의) 의로움의 도래가 구원, 성취, 승리, 복, 그리고 적의 파멸을 뜻한다는 점은 틀림없다. 이 점은 단순하고 분명하다. 왜냐하면 "하나님의 의로운 행위"라는 표현이 하나님께서 모든 것을 바로 잡으신다는 것을 의미하기 때문이다. 즉, 하나님의 의는 '쩨다카'(tsedaqah)이다.

구약 전반을 통해 이 용어를 추적해보면 예언서 일부에서 이 단어가 다른 의미로 쓰이고 있음을 볼 수 있다. 예를 들어, 아모스는 소위 "주님의 백성"이 언약의 의무를 제대로 수행하는 진정한 이스라엘인이라는 것을 확신할 수 없었다. 그래서 아모스에게는 하나님의 의로움이 백성의 정당함을 입증해주는 것을 의미하는 것이 아니라 정죄를 뜻했다. 따라서 하나님의 의로움이 나타나는 주님의 날(마지막 심판의 날[the Day of the Lord]—역주)이 옳음과 그름, 신실한 자와 죄인 사이를 구분한다는 점에서 그날이 하나님의 백성에게 늘 영광스럽고 승리의 기쁨에 찬 환한 빛의 날만은 아니다. 주님의 날은 빛이 아니라 어둠이고(암 5:18), 심판이 선고되며, 하나님의 언약을 깨뜨린 악한 백성에게 벌이 주어지는 날이다.

종말론적 심판이 내려지는 날로서 "주님의 날"이라는 개념은 기독교회의 역사에서 흥미롭게 발전했다. 교회력에 따른 절기의 변화를 표현하기 위해 제단과 강대상, 드림천(lectern hangings), 그리고 장식물들을 다양한 색상으로 치장하는 데 치중하며 행복해했던 교회들에게는 특히 그러했다. 예를 들어 성탄절과 부활절은 기쁨과 승리의 절기여서 흰색이 사용된다. 준비와 회개의 절기인 대림절과 사순절에는 보라색이 사용된다. 성령을 상기시키는 절기인 오순절과 순교자들의 기념일들에는 빨간색이 사용된다. 자연과 양육의 색인 초록색은 오순절 뒤에 이어지는 일련의 평상적 일요일과 같은, 그리스도인의 일상적 윤리 의무에 대한 가르침을 제공하는 일반 절기에 사용된다. 검은색 은 장례식처럼 깊은 애도의 경우나 성금요일에 사용될 수 있다. 교회력은 대림절 첫째 주일에 시작해서 오순절 뒤의 (종종 대림절 직전 주일로 불리기도 하는) "마지막 일요일"로 마친다. 이 교회력의 "마지막 주일"에는 보통 심판의 날, 즉 "주님의 날"에 대해 묵상 한다. 교회의 역사에서 이 날은 교회 예전에 사용되는 모든 색 이 다 사용되었다. 정당함을 인정받은(신원을 얻은) 승리의 기쁜 날을 뜻하는 흰색, 두려움과 정죄의 날을 의미하는 검은색, 회 개와 통회의 날을 표시하는 보라색, 그리고 최종 심판이 아주 먼 미래의 일이라고 생각하며 그리스도인의 삶을 계속 살아나 가는 평범한 날을 표시하는 초록색이 사용되었다. 교회의 자기 정체성에 이 모든 것이 달려있다. 교회는 정말 하나님의 선택된 백성인가? 교회가 하나님께서 선택하신 백성이라고 생각했기 에, 초대교회에서 심판의 도래는 당연히 교회가 고대해 온 기쁜 사건이자 앙망하는 승리의 날이며, 신원의 날이자 승리와 빛의 날, 즉 흰색으로 상징되는 날이었다. 단지 아주 초창기 교회에 서만 아니라 자신들을 하나님의 선택을 받은 소수의 신실한 무 리라고 생각하는 오늘날의 교회에서도 마찬가지이다. 심판이 선포되는 날은 영광스러운 날이다.

　이와 대조적으로, 교회가 더욱더 제도화될수록 천국에 관해 교회가 지닌 거룩한 오만은 더욱 불확실해진다. 심판의 날은 어둡고 위협적인 것이 된다. 색상으로 말하면 분명 자줏빛이거나 아마 검은색일 것이다! 과도한 확신에 대한 예언자적 교정(prophetic correction)과 회개의 필요성은 최종 심판 때 하나님의 오심이 신자의 신원(정당함을 인정받음)이 될 것이라는 기쁜 확신과 안도감을 압도한다. 성경 전체를 관통하는 이 같은 예언자적 교정은 안일한 안주에서 벗어나라고 우리를 쿡 찌르는 예언자적 외침이 필요한 상황과 불의로 가득 찬 이 시대에 특히 적실성을 가진다. 언약을 깬 이들을 향해 주님을 대신하여 말하는 예언자의 의로운 격노와 더불어 예언자의 메시지와 자주 연관되는 것이 "화를 내는 것"(anger)이다.

이러한 측면은 랍비 전승 전체에 깊이 스며들어 있다. 랍비 전통에서 하나님의 의로움은 일부 사람들을 구속하고 일부 사람들을 정죄하는 것이 아니라, 모든 이의 마음속을 구분 짓는 선(line)으로 묘사된다. 한 인간 안에 충돌하는 두 개의 충동, 즉 선한 충동('예쩨르 토브', *yetser tob*)과 악한 충동('예쩨르 하-라', *yetser ha-ra*)이 있다. 개인 안에 두 가지 충돌하는 충동 혹은 경향이 있다는 사고는 상당히 복잡한 발전사를 가지고 있다. 모든 사람이 구원받을 것이라든지, 또는 일부는 구원받고 나머지는 구원받지 못한다고 생각하는 것은 다소 피상적 이해이다. 두 가지 충동을 구분 짓는 경계선은 각 개인의 마음 안에 있다고 보는 것이 성숙한 가르침이다. 그러나 기독교 신앙을 최초로 전파하고 가르친 사람들은 그와 같은 높은 수준의 신학 교육을 받지 못했다. 쿰란의 에세네파와 마찬가지로 원시 기독교에서도 공동체와 공동체의 지도자에게 충성하는 이들이 바로 구원을 받을 사람이라는 분명한 인식을 볼 수 있다. 쿰란에서는 새 언약의 공동체와 의로운 선생("의의 교사", the Righteous Teacher)에 대한 충성이 결정적으로 중요한 것이었다.

이와 비슷한 종파적 방식으로 초대교회는 예수 그리스도와 그분의 메시아 공동체에 대한 충성을 구원에 이르는 열쇠로 여겼다. 배도의 위험성이 있기도 했지만, 그리스도인 개인의 사소한 실수나 잘못이 구원을 받으리라는 희망을 실제로 위협하진 않았다. 교회에서 출교되는 경우는 대단히 심각한 잘못을 저질렀을 때에만 일어나는 드문 일이었다. 바울서신에는 출교에 대한 언급이 단 한 군데만 있는데, 이 경우에도 결정적으로 되돌릴 수 없는 출교는 아니었다. 친족 사이의 성관계를 다룬 고린도전서 5장에서 바울은 이렇게 말한다: "이러한 일을 저지른 사람을 여러분 중에서 들어내시오"(고전 5:2). 하지만 그런 일을 저지른 자의 육체가 파멸하게끔 사탄에게 넘겨주더라도, 그 사람의 영은 주님의 날에 구원을 받으리라고 바울은 믿었다(고전

5:5).[3] 어쨌든, 이 근친상간의 경우가 출교(교회에서 쫓겨남, excommunication)를 언급하는 단 하나뿐인 예이다.

그러므로 초기 기독교 공동체는 이 문제에 관해 어느 정도 유연함을 가지고 있었다고 할 수 있다. 교회 지체가 (어떤 잘못을 했더라도) 교회 지체로 계속 남아있을 수 있었고 구원을 바랄 수 있었다. 그러므로 하나님의 의, 즉 하나님의 '쩨다카'(tsedaqah)의 현현은 구원을 의미했다. 아주 오래된 "드보라의 노래"와 마찬가지로 하나님의 의는 구원, 구출, 승리, 환희를 뜻했다. 이로부터 바울이 칭의(justification)와 의로움(righteousness)이라는 단어를 강조한 주된 이유를 알 수 있다. 이 용어에 대한 강조는 교회 자

---

3. 고전 5:5 하반절을 제대로 번역하는 것은 성경번역 자체의 측면에서도 중요한 일이다. RSV를 비롯한 많은 번역 성경은 해당 그리스어 동사의 가정법(혹은 접속법, subjunctive) 형태를 다음과 같이 번역한다. "그의 영이 구원받을 수 있도록(that his spirit may be saved) …" 현대의 독자는 여기에서 "may be"라는 표현이 어느 정도의 불확실성을 나타내는 것으로 생각할 것이다. 그러나 여기에 사용된 그리스어 가정법 표현인 "may be saved (sōthē)"는 "~하기 위해(in order that, hina)"라는 단어로 시작되는 목적절에서 접속법을 써야만 하는 그리스어 문법 규칙 때문에 사용된 것이다. 이런 용법으로 사용된 가정법은 불확실성을 나타내는 것이 아니라 하나님의 의도와 목적을 표현한다. 즉, "그 영이 구원받기 위해(in order to have the spirit saved)"라는 의미이다. 영어성경에서 이러한 용법의 접속법이 굉장히 많이 나오는 바람에 성경적 신앙이 주는 행복한 확신의 의미가 퇴색되었다. 그러므로 우리는 영어성경에서 "may"나 "might"가 나올 때마다 안도감과 확신을 잃지 않기 위해 이 점을 분명히 되새겨야 한다.

체가 하나님에게 속해있다는 믿음과, 교회의 적은 하나님의 적이라는 믿음을 전제로 한다. 어느 정도의 오만함이 있다고 하더라도 이것이 언약 신앙의 심장부를 차지하고 있다. 이런 상황에서 의(righteousness, *tsedaqah*)/칭의(justification, *dikaiosunē*)는 다시 한번 그 모든 영광스러운 의미를 획득한다. 초대교회의 가장 오래된 예전적 기도문은 2세기 초반에 작성된 얇은 문서인 『디다케』(*Didache*)에 보존되어있다. 디다케에 들어있는 성만찬 감사 기도는 다음과 같다. "은총은 오고 이 세상은 사라지기를! … 마라나타(*Marana tha*), 아멘." 이 구절을 보다 자유롭게 번역하면 이렇다: "이 더러운 세상이 박살나고 당신의 나라가 임하시길! … 주님 오시옵소서!" 심판과 함께 임하는 종말은 기쁨 가운데 고대하는 대상이었다. 따라서 하나님의 의로움은 심판이 아니라 신원(정당함을 인정)하는 의를 뜻했다—당신은 의롭다고 여겨졌고(justified), 정당함을 인정받았으며(vindicated), 구원을 받을 것이다.

바울이 회심(개종)이라기보다는 부르심(소명), 용서라기보다는 칭의를 말했다는 사실을 살펴보았듯이, **바울이 사용한 용어는** 우리 현대인이 사용하는 용어와 상당히 달랐다. 우리가 이 책에서 제대로 파악하고 되살리려고 노력하는 대상이 바로 바울이 사용한 용어와 그것이 지녔던 원래의 뜻이다. "**바울이 정말 말하고자 하는 바가 무엇인가?**"라는 질문이 여기에서 내가 다루고 있는 문제다. 내 관점이 전적으로 옳다고 할 수는 없겠지만 그래도 몇몇 중요한 지점에서는 내가 옳을 수도 있다. 정말 **바울의** **생각은** 무엇인가? 이러한 질문은 단어들 자체가 무엇을 의미했 느냐 하는 문제라기보다는, 용어들이 원래 맥락에서 지녔던 의 미와 그 용어들이 현재 어떻게 사용되고 있는지를 구별하는 중 요한 문제를 다룬다. 이것이 명료하게 구분되지 않을 때 혼란을 초래할 수 있다. 그러므로 바울서신이 작성될 때의 시간으로 돌 아가, 바울의 시대와 정황에서 이러한 용어들이 사용된 배경을 연구해야 한다. 성서학에 몸담은 사람에게 이 점은 중요하다. 바울 당대의 역사적 맥락에서 그의 언어를 연구하지 않으면, 바 울이 신중하게 의도했던 바와 그가 사용한 용어들이 현대에 어 떤 의미로 사용되는지, 이 둘 사이의 차이점들을 종종 놓치게 된다.

많은 사람이 성경을 (하나님께서 독자 개인에게 직접 말씀하신다는) 일차원적 수준에서 읽는다. 그런 식으로 성경을 읽지 않으면 하 나님의 말씀이 우리 삶에 적실하지 않게 될 것이라는 두려움 때 문이다. 하나님의 말씀 자체가 말씀하신다는 믿음이 우리에게 부족해서 우리는 기다리지 못한다. 그래서 크리스마스 트리에 사과나 여타 장식물을 매다는 것처럼, 사람들은 성경 본문 읽기 에 "개인적 삶과의 직접적 연관성"이라는 작은 장식들을 붙인 다. 사실 "현재 삶에 적실한 메시지"(relevance)를 말하도록 강요 하는 것보다 더 성서학을 위협하는 것은 없을 것이다. 우리는 충분한 인내심과 믿음을 가지고 성경 본문의 원래의 의미를 찾고 귀 기울여야 한다. 이 작업이 제대로 수행되지 않으면 성경 연구는 어려움에 봉착하고 잘못된 결론과 해석을 산출할 것이다.

내가 속한 스웨덴 교회 전통에는 오랜 시간에 걸쳐 놀라울 만큼 "현실에 관련있는" 설교들이 많이 나왔다. 18세기 스웨덴에서는 농부에게 감자 도입을 장려하기 위해 정부가 목사들에게 부탁을 했고, 그 결과 "사람이 빵으로만 살 것이 아니요"라는 본문을 가지고 많은 설교가 선포되었다. 다른 예는 일상생활에서의 위생을 강조한 설교이다. 이 설교는 나인성 과부 아들 이야기(눅 7:11-17)를 본문으로 삼아 "공동묘지를 도시 밖에 설치할 때의 장점들에 대해"라는 제목으로 선포되었다. 이 설교들은 무척 "삶과 연관성"이 있었고 하나님이 영양 섭취와 건강에 관심을 두신다고 믿은 그 시대 신앙공동체에 유용한 측면이 있었다. 물론 우리가 볼 때 이런 설교가 우스꽝스럽지만, 그보다 훨씬 웃긴 사실은 이와 같은 성서 본문 해석에 "더욱 영적인" 적실성을 덧붙일 때는 사람들에게 별로 우스꽝스럽게 보이지 않는다는 것이다. 설교 내용이 "경건하게 들리는" 순간에는 어떤 것이든 거기에 덧붙여질 수 있다. 성경 본문의 원래 의미와 그 본문이 오늘날 우리에게 주는 의미 사이의 관계는 실제로 많은 진지한 성서학자들과 조직신학자들이 현재 초점을 맞추고 있는 **가장**

중요한 문제다. 누군가가 학계의 모임이나 학문적 시류에 정말 속해 있음을 입증해주는 슬로건이나 암호 같은 것이 종종 있다. 한때는 **종말론**(eschatology)이라는 용어가 자주 사용되었고, 그 이후 한동안 **케리그마**(선포, kerygma)라는 단어가, 그리고 요즘은 해석의 방법론을 다루는 **해석학**(hermeneutics)이라는 용어가 유행하고 있다.

이 점은 이 책의 주제에 무척 중요한데, 왜냐하면 우리는 해석학적 차원, 즉 현재와의 관련성, 루터와 칼뱅, 그리고 아우구스티누스를 뒤로 한 채 본문 주해 차원으로 향하고 있기 때문이다. 우리는 역사의 각기 다른 지점에서 그 중요성이 입증된 본문의 원래 의미(original meaning)—그 "원래" 의미는 역사 속에서 때마다 달랐지만—를 찾으려 노력해왔다. 칭의에 대한 또는 소위 자기반성적 양심에 관한 바울의 말을 진정한 바울의 어법으로 읽어내는 작업은 언제 정당하다고 할 수 있는가? 오늘날 우리를 위한 의미를 찾으려 할 때인가? 아니면 원래 **저자의** 마음 안에 있는 것을 발견하려고 할 때인가? 주석가이자 성서학자로서 나는 주로 "저자의 의도"에 대한 질문을 다루어야 한다. 그러나 신학자이자 목회자로서 나는 사람들이 지속적으로 "성경의 세계" 안에서만 작업하고 셈족의 세상으로 다시 돌아가는 꿈을 꾸어야만 한다고 주장하지 않는다. 하나님께서는 우리가 그런 일을 하길 원하시지 않는다. 하지만 우리는 **먼저** 본래의 의미를 찾기 위해 성경을 읽어야 한다. 그렇게 함으로써 우리 자신의 관점을 본문의 본래적 의미에 투영하려는 경향을 수정하고, 본래의 의미를 존중하며 그 의미가 스스로 말하도록 두어야 한다. 너희는 먼저 원래의 의미를 구하라, 그리하면 이 모든 것들이 또한 너희 것이 될 것이다!

예컨대, 바울이 유대인에 관해 말할 때 진짜 유대인에 관해 말하고 있다는 점은 매우 중요하다. 그는 상징적 존재나 시대를 초월한 율법주의의 최고의 예로서 상상 속 유대인을 말하는 것이 아니다. 우리는 복음서에서 이미 이렇게 유대인을 (이야기 속의) 상징적인 배역으로 그리는 경향을 볼 수 있다. 요한복음에서 이런 측면이 특히 두드러지며, 마태복음의 "서기관들과 바리새인들"이라는 표현에서, 그리고 누가복음에서 바리새인들을 잘못된 경건의 좋은 본보기로 그리는 것에도 나타난다. 그러나 바울서신에서 바울이 이신칭의에 관한 논증을 펼칠 때는 그의 동족인 실제 유대민족에 초점이 맞춰져 있다.

큰 규모의 유대인 공동체가 있는 뉴잉글랜드 지역의 그리스도인들에게 내가 설교하면서 "바울이 최대한 좋게 말해 여러분을 명예 유대인(이방인 출신 그리스도인을 바울은 이렇게 불렀다; 롬 11:17 이하)으로[4] 불렀을 것"이라고 말한다면, 이런 설교는 폭넓은 동

4.　역주, Honorary Jews. 실제 유대인이 아니라 명목상 유대인이라고 불릴 만한 자격이 있다는 뜻이다. 명예박사 학위를 떠올리면 된다.

의를 받지 못할 것이다. 내가 도시 근교 부촌의 "이방인 그리스
도인들"에게 오로지 하나님께서 입양을 하셔서 그들이 명예 유
대인이 되었다고 말한다면, 그들은 충격을 받을 것이다. 그리고
로마서 9-11장이 바로 옆집에 이사 온 유대인 사업가를 우리가
어떻게 대해야 하고 그 사람과 우리가 어떤 관계 속에 있는지를
다루고 있다고 내가 주장한다면, 그들은 나를 이상하고 영적이
지 않은 이라고 여길 것이다. 이런 그리스도인들은 괜찮은 교회
학교를 다녔고 바울이 유대인에 관해 말한 모든 것을 배운 사람
들이다. 그러나 그들이 배운 것은 진짜 유대인에 대한 것이 아
니다. 실제 그들은 여전히 틀에 박힌 잘못된 시각으로 유대인을
바라본다. 바울이 그의 편지들, 특히 로마서에서 정말 말했던
것이 이 시대 미국의 유대인과 그리스도인의 관계에 실제로 적
용될 수 있는 경우를 들어보겠다. 고대 알렉산드리아(Alexandria)
지역(유명한 유대 지식인이었던 필론이 살던 곳)은 많은 수의 유대인과
그리스도인이 각기 다른 교양 있는 종교 공동체로 공존하며 열
린 대화를 나눌 수 있었던 곳이었는데, 오늘날 미국은 이러한
환경이 조성된 최초의 현대 국가라고 할 수 있다. 근현대사를
통틀어 로마서 9-11장에서 바울이 시작한 대화—이 대화는 기독
교의 팽창과 우월의식 때문에 결렬되었다—를 그리스도인과 유
대인이 열린 관계 속에서 다시 이어나갈 수 있는 최초의 시간이
왔다. 진정한 대화는 역사 속에서 경험한 고통과 홀로코스트

(Holocaust)라는 수치스러운 사건으로 제대로 진행되지 못했으나 여전히 가능성은 실제 존재하며 바라건대 그 가능성은 더 높아 질 것이다.

바울의 글을 세심하게 살펴보면 성경이 단지 무력한 율법주 의의 원형으로서 유대인에 대해 말하는 것이 아니라 실제 유대 인에 대해 말하고 있음을 알 수 있다. 이 이슈에는 또 다른 측면 이 있다. 유대인과 이방인에 대한 바울의 말이 개인의 영혼 구 원 과정을 유형적(상징적)으로 서술하는 것에 흡수되어 버린다면 다음과 같이 해석될 것이다: (1) 율법에 순종함 뒤에 (2) 그리스 도께서 나타나심, 그리고 그 뒤에 (3) 율법보다 더 위에 있는 것 들로 발전함. 이는 모든 사람이 한동안 유대인, 즉 율법주의자 였다가 그리스도께서 오신 뒤로 구원을 받는다는 말과 같다. 이 런 식으로 접근하는 것은 구원의 역사(구속사)가 지닌 단회적 본 질(구원이 특정한 절차와 과정을 통해 이루어지는 것이 아니라 그리스도의 사 역이라는 단 하나의 사건을 통해 단번에 이루어진다는 생각—역주)을 놓치게 된다. 언젠가 내가 원래 속한 루터교 교구의 어느 교회에서 그 교회의 목사인 헨리 혼(Henry Horn)이 유명한 포도원 일꾼 이야 기(마 20:1-16)를 본문으로 설교하는 것을 들었다. 모든 일꾼들은 제11시가 되어서야 온 다른 일꾼과 동일한 급료를 받는다. 부당 하고 이해하기 어려운 처사로 보인다. 설교자인 혼(Horn) 박사는 우선 보이스카우트에서나 들을 수 있는 메시지(보이스카우트는 보상받을 생각없이 자신의 의무를 다한다)를 말했다. 이러한 내용은 개신교적 가르침에 의해 강화된다. 예수 그리스도가 유일하며 참된 보상, 즉 구원 자체이므로 보상의 차이에 대해 생각하지 말아야 한다는 주제를 예수께서 이 비유를 통해 말씀하셨다는 것이다. 그러나 혼 목사는 성경을 제대로 읽는 좋은 설교자였다. 그가 설교에서 결론적으로 말한 바를 내 방식으로 풀어 쓰면 다음과 같다: "하지만 당연히 본문은 실제로 그런 것을 말하고 있지 않습니다. 여러분은 제11시에 온 일꾼들이 누군지 아시나요? 그들은 바로 우리, 즉 이방인들입니다. 유대인들은 구속사의 오랜 뙤약볕 아래에서 계속 일해온 사람들이고, 우리는 느지막히 오고도 동등한 임금을 받은 게으른 이방인입니다." 그의 설교는 로마서 9-11장에 나타난 바울의 관점과 별로 다르지 않다.

마지막으로, 율법 아래 살던 삶에서 느낀 실패감과 죄가 그리스도로 말미암은 구원의 실체를 경험하기 위해 필요한 길, 아니 종종 말해지듯 유일한 길이라고 하는 전통적 신학에 대해서 살펴보자. 16세기의 사람들이 "율법은 항상 고발한다"(lex semper accusat)고 한 것처럼, 율법의 주요 역할이 우리에 대한 고발(정죄)이라는 가르침을 우리는 어떻게 이해해야 할까? 바울은 훌륭한 그리스도인이 되기 위한 유일한 길이 좌절감과 죄의식에서 나온다고 생각했는가?

내가 보기에 바울은 상당히 훌륭한 그리스도인이었다. 그는 그다지 매력적인 인물이 아니었을 것 같다. 동정심이 넘치는 사람이라기보다는 분명 오만한 인물이었다. 그렇지만 그는 대단한 인물이었다! 또한 바울은 죄와 죄책감의 골짜기를 통과한 것이 아니라 계속 영광스러운 길을 걸었다. 죄와 죄책감만이 그리스도인의 중심에 자리잡은 축은 아닌 것 같다. (이 책의 4장 "죄라기보다는 연약함"을 보라.) 신약성경을 읽으면서 오늘날의 교회를 보면 개인의 윤리 같은 사소한 사적 문제를 너무 지나치게 다루고 있다는 느낌이 든다. 사람들이 제각기 마음에 품고 있는 더 큰 문제들에 비하면 그와 같은 것은 너무 사소하다. 물론 나는 간음죄를 싫어한다. 간음은 나쁜 일이지만, 이 세상이 당면한 **정말 중요한** 문제라고 하긴 어렵다. 그런데 사람들은 자주 교회가 간음을 **가장 심각한** 문제로 여기는 인상을 받는다. 〈죠스〉(Jaws), 〈대부〉(The Godfather), 〈엑소시스트〉(The Exorcist), 〈타워링〉(The Towering Inferno) 같은 공포 영화들이 요즘 굉장한 인기를 얻고 있는데, 나는 그 이유가 궁금하다. 이에 대해 프로이트(Freud)를 비롯한 여러 정신분석학적 설명이 제시되었다. 그러나 나는 민족 간의 불화, 국가적 재난의 가능성, 핵무기의 위협, 그리고 자연적 재난이나 경제적 파국을 깊이 느끼면서 우리가 이 혼란스러운 세상으로 인해 두려움에 빠져 있다고 판단한다. 몇 시간 동안 영화 속의 공포를 견뎌낼 수 있다는 것은 두려움을 줄이는 데 큰 도움이 된다.

신약성경에는 공포영화의 시나리오와 같은 요한계시록이 있다. 이것 자체가 1세기와 우리 시대가 생각보다 더 많은 공통점이 있다는 사실을 알 수 있게 해주는 일종의 열쇠다. 1세기 사람들과 마찬가지로 우리는 개인적 평온함, 내적인 조화로움, 구원을 추구할 뿐 아니라 훨씬 광범위하게 널리 퍼져있는 불안을 가지고 있다. 그때나 지금이나 모두 미미한 인간들이 우주적 정사와 권세 아래 사로잡혀서 인간 스스로는 아무 것도 통제하지 못하고 아무 일도 할 수 없다는 사실을 인지한 채 두려움과 공포에 떨고 있다는 특징이 있다. 이는 바울신학의 도움을 받아 제대로 부각될 수 있는 기독교의 한 측면이기도 하다. 우리가 종교개혁의 교리를 뒷받침하는 증거본문으로만 바울서신을 사용하지 않고 바울의 말에 충분히 귀 기울이며 그를 복원한다면 말이다. 그러므로 이신칭의 교리가 아무리 중요하다고 해도, 그 교리는 피조물을 위한 하나님의 총체적 계획의 일부인 "바울의 이방인 선교"라는 더 넓은 맥락 아래 위치해야 한다. 또는 이렇게 말할 수도 있을 것이다. 칭의에 관한 바울의 생각은 일차적으로 개인의 영혼과 양심의 내적 갈등에서 비롯한 것이 아니라 다원적이며 찢겨진 세상 속의 분열과 정체성 문제로부터 나온 것이라고. 바울의 시선은 하나님께서 의도하신 인류와 피조세계 전체의 다양성, 그리고 일치에 초점이 맞춰져 있었다.

4. 죄라기보다는 연약함

바울을 단순히 대단한 그리스도인(super-Christian)이 아니라 사도로, 부단한 성찰적 태도가 아니라 강직한 양심을 가진 사람으로 여길 만한 많은 이유들이 있다. 바울에 대한 그러한 이미지는 신앙, 주님, 교회, 또는 자신에 대한 이해에 개인의 경험이 거의/아무것도 첨가되지 않은, 적극적이고 유능한 대리자라는 인상을 주기 쉽고, 이는 또한 승리주의자, 곧 그리스도가 주신 새로운 영광과 가능성으로 일찍이 풍성한 업적들을 이룩한 사람이라는 이미지로 이어질 수 있다.

그러나 이 두 이미지는 모두 사실과 다른 것 같다. 바울의 개인적인 경험은 언제나 자신의 사명과 믿음에 대한 이해와 얽혀 있다. 더욱이 승리주의는 바울의 특징이 아니라 **대적자들의** 특징이다. 더 나아가 바울의 경험이 사도적 사명 및 신앙 이해와 교차하는 지점은 "용서"와 연관된 "죄"가 아니다. 그보다도 우리는 바울이 연약함(astheneia)에 대해 이야기할 때 바울의 개인적인 고통을 깊이 느낀다. 여기서 우리는 다시금 대부분의 사람들이 당연하게 여기는 기독교의 언어와 매우 다른 것을 발견하게 된다. 말하자면, 바울이 이 연약함-고통 앞에서 죄책감을 느낀 적은 없는 것 같다. 그렇다. 죄책감이 아니다.

죄인 바울을 구원하는 드라마가 아닌 그가 "연약함"이라고 부르는 것을 다루는 드라마에서 우리는 바울신학의 가장 강한 경험적 차원을 발견하게 된다. 여기서 중요한 것은 바울이 연약함에 대해 이야기할 때 죄에 대해 생각하지 않는다는 것이다. (하나의 예외적인 가능성은 있다. 본서 117-19쪽을 보라.) 나는 이 점을 강력하게 촉구하여 연약함과 죄를 서로 분리해내려 한다. 그렇지 않는다면 실제로는 바울이 연약함을 다루고 있음에도 죄에 대해 언급하는 듯한 인상을 줄 수 있다—이 둘은 완전히 다른 문제다. 현 시대에 우리는 이 둘을 동일시하는 경향이 있다. 바울은 자신이 약할 때에 강함이 되는 것에 대해(고후 12:10), 그리고 연약함을 인지하는 방식에 대해 말할 때 우리는 이 "연약함" 언어를 인간의 죄 된 곤경에 대한 깊은 통찰의 표시로 읽으려는 경향이 있다. 이는 현대인의 오해일 것이다.

바울의 연약함에 대한 전통적인 구절은 고린도후서 12장에 나타난다. 여기서 바울은 자신이 받은 계시가 너무 크기에 "너무 자만하지 않게 하시려고 내 육체에 가시, 곧 사탄의 사자를 주셨다"(고후 12:7)고 묘사하면서 자신의 영광스러운 영적 경험과 연약함을 대조한다.

바울은 단순히 변증 신학자가 아니라 독창적인(original) 신학자로서 자신이 방문했던 하늘에 대해서 다소 불분명하게 말하며, 또한 이를 몸 안에서 경험한 것인지, 몸 밖에서 경험한 것인지에 대해 약간의 신학적 주저함을 보이면서 이야기한다(고후 12:1-6). 그러한 겸손함, 말하자면 그토록 놀라운 경험이 적절하게 이해되도록 하기 위한 의도적 아이러니는 종종 스스로를 성경적이라고 자부하는 일부 신학 진영에서 간과되어 왔다. 그러한 집단에서는 불확실성을 인정하는 것이 신앙의 권위를 위협하는 것처럼 보였을 것이다. 여기에 바울의 대적자들이 두려워하고—바울은 말하는 자의 확신으로 인해 하나님의 능력이 혼란을 겪지 않도록 적당한 입장을 취했지만—그럼으로써 모호하게 만들었던 "연약함"에 대한 또 다른 문제가 있다.

바울은 두말할 필요 없이 영광스럽고 진실했던 이 경험을 서술하면서 육체 안에 자신을 괴롭히는 사탄의 가시가 남아 있다고 이야기한다. 이로써 바울은 하나님의 은혜가 족하다는 것과 하나님의 강하심이 바울의 강함이 아닌 연약함을 통해 어느 정도 더욱 분명하게 증거되었다는 사실을 배우게 되었다. 바울은 이 가시가 없어지기를 세 차례 주님께 구했다(고후 12:8-10). 나는 이것이 항상 궁금하다. 왜 단지 세 번뿐이었을까? 이 문제가 바울에게 심각한 것이었다면 세 번은 많은 것이 아니다. 성서 내에서 3은 흔히 반쯤 거룩한 숫자로 사용되었기에 선택했다고 말하는 것이 충분한 이유가 될지도 모른다. 나도 그렇게 생각한다. 또한 이 숫자는 바울이 육체의 가시 제거에 대해 전능자와 프로메테우스적(Promethean) 기도 전투를 치르기 위해 실제로 광야로 나간 몇 차례의 경험을 서술하고 있는 것일지도 모른다.

나는 이 육체의 가시를 실제적인 병으로 간주하는 것이 가장 합리적이라고 생각한다. 여기에 나의 주장이 의존하고 있는 것은 아니지만 이는 내가 생각하기에 가장 합리적인 해석이다. 그리고 개인적으로 이것이 간질(epilepsy)일 수 있다는 견해—썩 좋은 근거는 없지만—에 반대하지는 않는다. 그것은 분명 다른 것일 수도 있지만, 바울의 질병이 사역에 어느 정도 심각한 걸림돌이었던 것은 다소 분명하다. 여기에는 여러 가지 이유들이 있다. 아픈 것은 언제나 견디기 힘든데 특히 여행 중에는 더욱 그러하다. 그러나 바울과 같이 중차대한 임무를 받은 위대한 인물에게 있어서 하나님이 그러한 걸림돌을 허락하셨다는 사실은 받아들이기 특별히 어려웠을 것이다. 하나님의 일은 적어도 이 사도가 주님을 위하여 큰 능력으로 가능한 한 많은 것들을 하도록 건강을 지켜주시는 것이어야 했다. 하지만 그렇지 않은 것에는 더욱 많은 의미가 있다. 초기 교회의 관점에서 볼 때 병은 그리스도인 실존의 정수인 삶의 갱생 능력의 부재를 가리키는 표였다. 질병을 가진 사도란 한쪽 발만을 가진 축구 선수와 같이 모순된 존재로 보였다. 병이란 하나님의 일에 반대하는 옛 시대의 권세들을 보여주는 표시였기 때문이다.

우리는 바울이 성찬에 있어서 분열을 조장하는 고린도교회에 "너희 중 몇몇은 아프고 몇몇은 심지어 죽었다"(고전 11:30)라고 이야기할 때 질병과 그다음 단계인 죽음을 얼마나 심각하게 바라보았는지 알 수 있다. 그리고 우리는 몇몇 그리스도인들이 죽기 시작하면서 데살로니가 교인들의 신앙이 크게 흔들렸다는 것을 알고 있다. 바울은 복음을 전하면서 분명 모든 사람들이 '파루시아'(parusia), 곧 주님께서 영광 중에 돌아오시는 날까지 건강하게 살아 있을 것이라는 인상을 주었다. 그래서 데살로니가서신은 복음 안에서 가능한 생명의 능력에 관한 그러한 과대해석을 정확히 바로잡으려는 목적으로 기록됐다(살전 4:13-18). 바울 자신도 분명 파루시아의 때에 살아 있기를 기대했다. 질병이 분명 있었음에도 살아 있기를 바랐다. 고린도전서 15:52은 죽은 자들이 일어나게 될 것이며 **우리는** 변화될 것이라고 분명하게 말하고 있는데, 이는 **우리가** 파루시아가 오기 전에 죽음을 맛보지 않는 편에 서있을 것이라고 바울이 분명 전제했음을 보여준다.

그러나 바울의 사역에 있어서 질병을 걸림돌로 언급하고 있는 가장 분명한 본문은 갈라디아서 4:13-20이다. 여기서 바울은 자신이 육체적 질환으로 인해 갈라디아에 잔류했던 사실을 업신여기지 않은 것에 대해 갈라디아인들을 칭찬한다. 바울의 질병에도 불구하고, 아픈 상태에도 불구하고, 저들은 바울의 메시지를 하나님의 말씀으로 받았다. 이 본문에서 질병은 복음, 곧 생명의 능력을 전달하는 충분히 훈련되고 건실하고 진실된 존재를 방해하는 약간의 불편함(strikes)이라는 것이 분명해진다. 이는 고린도전서 2:3에도 나타나는 것 같다. 여기서 바울은 자신이 어떻게 연약함 가운데 복음을 전했는지 설명한다. 내 생각에 데살로니가전서 2:18 역시 동일한 것 같다: "우리—나 바울은 한두 차례—는 여러분에게 가려고 했습니다만, 사탄이 우리를 막았습니다." 바울은 단지 아팠고 그래서 갈 수 없었던 것 같다. 이것이 바로 고린도후서 12장에서 언급되고 있는, 바울을 정면에서 공격했던 사탄의 사자였다.

바울이 말하고 있는 연약함은 외부에서 그에게—그 안으로—들어온 것이었다. 그것은 하나님의 일을 가로막으려고 하는 불결한 배반자 사탄의 공격이었다. 우리는 이를 순교자적 연약함으로 부를 수 있을 것이다. 곧, 자신의 과오로부터 기인한 것이 아니라 순교자의 증언에 대한 외부의 적대시로부터 기인한 순교자의 연약함 말이다. 이 모든 것들은 바울에게 매우 힘든 것이었음이 분명하다. 이 연약함은 실제로 육체 안에 있는 가시였지만, 바울은 이를 개인의 구원과 연관시키는 것이 아니라 정확히 자신의 사역과 사역의 방식 및 효과와 관련해서 바라보았다.

바울의 어떤 주요한 서신에서도 바울이 이 연약함과 관련하여 어떤 식의 양심의 가책을 가지고 있었는지에 대한 암시는 나타나지 않는다. 바울은 결코 "나는 연약한 몹쓸 놈이다. 인간은 연약하다. 약하고 죄 된 것이 내 존재다"라고 말하지 않았다. 바울의 연약함이나 질병이 죄와 동일시되는 곳은 없다. 또한 바울은 양심 가장 깊은 곳을 들여다보면서 이 연약함이나 병의 원인이 될 만한 어떤 비밀스러운 죄를 찾으려 하지도 않았다. 반대로 이러한 연약함은 주님과 하나 되게 하고, 자신의 사역을 연약함 가운데 십자가에 달리신 예수 그리스도의 참된 사역으로 만들어주는 것들 중 하나였다. 정확하게 말하자면 약함 가운데서 바울은, 약하심 가운데 죽으신 주님과 하나가 된다: "[그리스도는] 약하심 가운데 십자가에 못박히셨다"(고후 13:4). 이 약함 속에서 그리스도의 부활의 능력이 선교를 통해 교회로 퍼지면서 그 자체를 드러낸다. 바울의 병은 갈보리의 작은—어쩌면 그렇게 작지 않았을—골고다와 같았다.

이러한 생각의 흐름은 바울의 사상과 흡사하면서도 또한 바울의 사상으로부터 비롯한 한 작품(제2바울서신—역주), 골로새서에서 강화된다. 여기에서는 신학자들에게 난해하고도 충격적이기까지 한 용어로 표현된다: "나는 이제 너희를 위하여 받는 괴로움을 기뻐하고 그리스도의 남은 고난을 그의 몸된 교회를 위하여 내 육체에 채우노라"(골 1:24, 개역). 어떤 진정한 신학자에게라도 이 구절은 분명 이상하게 느껴질 것이다. 물론 바울—바울뿐 아니라 어느 누구라도—은 갈보리에서 단번에 성취된 일에 어떤 것도 더할 수 없다. 그러나 골로새서 1:24에서 바울 사역의 연약함, 곧 순교자적 고통은 그리스도의 고통과 동일한 성질을 가진 것으로 간주된다. 그리스도의 고난은 교회 안에서 "지속되고" 그럼으로써 성취된다(참조, 고후 13:3-4).

더 나아가 고린도후서 4장에서 우리는, 본서 '2. 회심(개종) 이라기보다는 소명'에서 바울의 편지를 읽으면서 언급했던 문제, 곧 다양한 본문에서 "우리"가 의미하는 바를 구분하는 문제를 마주하게 된다. 바울이 의도한 바대로 바울서신을 읽어야 한다면 이 질문은 피할 수 없다. 고린도후서 4장을 면밀히 들여 다보면 "우리" 언어를 어떻게 이해해야 하는지에 대한 유명한 예를 발견할 수 있다. 여기서 바울이 1인칭 복수를 사용하여 "나, 자신, 바울", 곧 단순히 1인칭 단수를 지칭하고 있음은 매우 분명하다. "우리는 우리를 전파하는 것이 아니라, 오직 그리스도 예수의 주 되신 것과 또 예수를 위하여 우리가 여러분의 종들이 된 것을 전파합니다"(고후 4:5)—여기서 "우리"(바울)와 "**여러분**(회중)의 종들"은 매우 분명하다. 그리고 그리스도 안에서 계시받은 것에 대해 이야기하고 있는 것은 실제 바울이다: "'어두운 데에 빛이 비치라' 말씀하셨던 그 하나님께서 예수 그리스도의 얼굴에 있는 하나님의 영광을 아는 빛을 **우리** 마음에 비추셨느니라"(고후 4:6, 개역).

"우리"가 누구를 지칭하는지 밝히는 것은 중요하다. 위대한 사도들에게 주어진 계시를 일반 그리스도인들을 위한 예시로 상정하지 않기 위해 매우 세심한 주의를 기울일 필요가 있기

때문이다. 신약의 그리스도의 교회 내에서 사도와 평신도 사이
에는 차이가 있다. 이 구분은 경건주의(pietism)와 부흥주의(reviv-
alism) 유산을 가지고 있는 전통들 사이에서 특히 중요하다. 예
컨대, '예수를 만나다'는 표현은 실제 그러한 만남의 경험을 했
을 때에 비로소 의미가 통한다. 그러나 이 언어가 '교회에 가는
것'을 묘사하는 시적 언어로 쓰이게 되면 위험해진다. 우리의
예배 경험들을 그렇게 과장된 언어로 표현하는 것은 너무 나간
것이며 어쩌면 부정직한 것이라 말할 수도 있겠다. 이렇게 알
아들을 수 없는 종교적 언어들로 인해 우리는 어린 목동 다윗
이 골리앗과 싸우러 나가기 전에 사울의 큰 갑옷을 거부하면서
느꼈을 유혹에 종종 빠져버리는 것 같다. 우리는 작은 다윗 같
은 영혼과 마음에 너무 크고 거추장스러운 사울의 갑옷을 장착
할 때가 많다. 어린 다윗이 물매와 돌 하나로 골리앗을 쓰러뜨
렸던 것처럼 우리가 그렇게 단순하게 설교하고 말하고 기도한
다면 더욱 좋을 것 같다. 그래서 우리는 "우리"와 "나"에 주의
를 기울여야 한다. 그러한 언어가 일반적 종교 경험을 묘사하
는 것으로 확대되거나 경시되어서는 안 된다. 바울은 매우 구
체적이고 특유한 것을 염두에 두고 있었다. 그것은 바로 자신
이 받은 특별한 부르심과 사역이었다.

바울은 계속해서 말한다(고후 4:7-9): "그러나 우리[즉, 나, 바울]
가 이 보물을 질그릇 안에 가지고 있다. … 우리는 모든 향방에

서 고통을 당한다. … 박해를 당한다. … 넘어진다. …" 여기에
나타나는 모든 "우리"는 일단 바울하고만 관련이 있다. 이 어구
들을 평신도들에게 전용하고 모든 사람이 가용하게 하며 우리
의 일상 상황에 사용하려 할 때는 매우 주의해야 한다. 고린도
후서 4:10에서 바울은 우리(즉, 바울)가 항상 "그리스도의 죽음을
몸에 짊어지고 있다"라고 이야기한다. 이는 바울이 짊어지고
있는 죽음의 과정에 대한 표현일 뿐이다—그리고 이것은 바울
과 고통당하는 그리스도를 하나 되게 한다. 나는 지금 이 구절
을—겸손한 유비로서—우리에게 적용할 수 없다고 말하는 것이
아니라 이 언어의 구체성과 실제성을 느끼기 원한다면 먼저 이
를 바울에게 한정해야 한다는 것이다. 아프고 연약한 바울은
고린도에서 건강하고 튼튼한 사도들과 싸웠다. "우리가 항상
예수의 죽음을 몸에 짊어짐은 예수의 생명이 또한 우리 몸에
나타나게 하려 함이라"(고후 4:10, 개역)라고 말했던 것은 바로 바
울이 자신을 가리켜 한 말이었다—결코 모든 그리스도인에 대
한 진술이 아니라 자기 자신에 대한 진술이었다. 바울은 계속
한다: "우리 살아 있는 자가 항상 예수를 위하여 죽음에 넘겨짐
은 예수의 생명이 또한 우리 죽을 육체에 나타나게 하려 함이
라. 그런즉 사망은 우리 안에서 역사하고 생명은 너희 안에서
역사하느니라"(고후 4:11-12, 개역). 회중은 삶과 새로움을 부여받
는 반면, 바울은 이렇게 연약한 자와 죽어가는 자 편에 서 있다.

말하자면 바울은 "십자가"를 지고, 회중은 "부활"하게 된다. 바울의 연약함과 관련하여 이 본문을 읽으면 더욱 강력하고 구체적으로 다가온다.

바울이 이 연약함 개념을 다루는 것은 고린도의 상황이 거의 유일하다. 칭의가 나타나는 곳은 거의 로마서—그리고 어느 정도는 갈라디아서에—가 유일하듯이 말이다. 그렇기 때문에 우리는 이 위대한 신학자가 필요할 때면 언제나 꺼내어 적용할 수 있는 다양한 개념들(ideas)을 어떻게 가지게 된 것인지 주목하게 된다. 하지만 바울은 주어진 상황과 관련 없이 따를 수 있는 최우선적인 사상과 단일한 패턴을 가지고 있을 뿐이다. 바울은 심각한 논쟁 상황 가운데 하나님의 능력이 드러내는 약함 자체에 대한 입장을 "수퍼(super)-사도들", 곧 "위대한 사도들"(hyperlian apostoloi, 고후 11:5; 12:11) 위에 둔다. 이는 특별히 고린도후서 마지막 부분, (우리가 보는 성경) 10-13장에 잘 나타난다.

고린도 공동체의 선동가들에 대항하는 고린도후서 10-13장의 논증—이른바 "눈물의 편지"(참조, 고후 2:4; 7:8)—은 교회를 다시 하나로 만들고 바울 자신의 권위를 옹호하기 위해 쓰였다. 이는 아마 마케도니아(마게도냐)에서 쓰인 것으로 자신의 사도적 권위를 강조하고 변호하는 분명한 논증을 담고 있다. 바울은 먼 곳에서 자신의 정당함과 능력을 강조하면서 이 편지를 힘 있게 써 내려갔다. 그러나 작고 누추하며 병약했던 바울이 무대에 등장했을 때 그렇게 무게 있는 인물처럼 보이지 않았다. 위대한 사도들은 이렇게 이야기했다: "그의 편지들은 무게가 있고 힘이 있으나 그가 몸으로 대할 때는 약하고 그 말도 시원하지 않다"(고후 10:10, 개역). 지치고 고통받으며 두려워하고 낙담하고 있다고 자신에 대해 묘사하는 바울(고후 7:5-6)은 교묘하게 조정하는 자들, 겉보기에 성공한 선교사들의 손아귀에 들어간 회중에게 간청해야 했다. 이것이 바울이 연약함에 대해 말하고 있는 배경이다.

고린도전서에서는 연약함을 지식(1:5)과 지혜(1:17, 19, 이곳저곳)와 대조하고 있는데, 이는 흥미롭게도 고린도전서 1장에 나타나며(특히 17-18절을 주목하라) 여기에 그리스도가 오직 복음을 전하게 하기 위해 바울을 보내셨다는 유명한 말씀이 나타난다: "말의 지혜로 하지 아니함은 그리스도의 십자가가 헛되지 않게 하려 함이라"(1:17, 개역); "우리는 십자가에 못 박힌 그리스도를 전하니"(1:23, 개역). 바울은 십자가에 못 박힌 그리스도, "연약함의 복음" 외에는 아무것도—화려한 것도, 특별한 것도, 빛나는 것도—원하지 않았다. 루터는 영광의 신학(theologia gloriae)에 반하는 십자가의 신학(theologia crucis)을 강조했다. 지혜롭게도 루터파는 모든 승리주의—고린도에서든, 로마에서든, 워싱톤(Washington)에서든—에 대한 의심을 여전히 가지고 있다. 십자가의 신학, 연약함의 신학은 실제로 바울의 연약함과 관련된 사역에 있어서 가장 깊은 종교적 경험의 일부다.

하지만 내가 아는 한 연약함이 죄와 평행하게 나오는 단 하나의 본문이 있다. 로마서 5:6-10에는 유사한 진술이 세 차례 반복된다: "우리가 아직 무력할 때[helpless: 문자적으로, "연약한", *astheneis*: 개역성경에도 "연약한"으로 번역되어 있음—역주], 바로 그 때에 그리스도께서 경건하지 않은 자를 위하여 죽으셨다. … 우리가 아직 죄인일 때에 그리스도께서 우리를 위하여 죽으심으로 하나님께서 우리에 대한 그의 사랑을 확증하셨다. 그러므로 이제 우리가 그의 피로 인해 의롭다 하심을 받았기에, 더욱 그로 말미암아 하나님의 진노에서 구원을 받을 것이다. 우리가 원수였을 때 그의 아들의 죽으심으로 인해 하나님과 화목하게 되었기에, 더욱이 우리는 그의 생명으로 인해 구원을 받을 것이다"(롬 5:6-10). 우리는 패러프레이즈(paraphrase)하여 다음과 같이 요약할 수 있다: "우리가 아직 **연약할** 때에 그리스도께서 먼저 기꺼이 우리를 위해 죽으셨다. 우리가 아직 **죄인이었을** 때에 그리스도께서 첫 걸음을 떼셨다. 우리가 아직 **대적이었을** 때에 그리스도께서 먼저 기꺼이 죽으심을 통해 우리는 화목하게 되었다." 바울은 우리가 지금 의롭다 하심을 받으면 하나님이 건져내실 것이라고 말하기를 계속한다. 그리스도가 내딛으신 큰 발걸음은 이 연약함, 죄 됨, 대적의 상태에서 구원이 있는 의의 상태(*status justificationis*)로 옮기는 것이었다. 그리스도는 바울을 새로운 시대

(*eon*)로 들어 올리심으로 이를 행하셨다. 핵심은 바울이 여기서 연약함을 언급할 때 과거의 것으로 말하고 있다는 것이다. 이제, 로마서의 이 본문에서 바울이 의식적으로 이 단어를 고린도서신에서 연약함에 대해 말할 때와는 다른 의미로 사용했을 가능성이 있다고 생각할 수 있다. 바울의 서로 다른 편지들이 각각 다른 상황에서 기록됐고, 따라서 바울의 언어와 메시지는 다양한 언어로, 또한 동일한 용어를 가지고 다양한 의미로 표현될 수 있음을 늘 기억해야 한다. 이는 각 바울서신이 몇 년간의 격차를 두고 기록됐기 때문이 아니라 특정 상황들을 목적으로 하고 있는 실제적·목회적 서신이기 때문이다. 따라서 고린도서신에서 바울이 연약함에 대해 말할 때 이는 자신의 권위에 대한 구체적인 논증 맥락에서 대적자들을 겨냥하고 십자가 신학을 강조하기 위해 고안되었다. 바울은 사역에 있어서 약함, 질병, 어려움, 부족함을 자신의 연약함과 관련이 있는 것으로 보았고 또한 이 세상에서 그리스도의 사역과 능력의 본질을 가르쳐주는 것으로 보았다. 아직 잘 알지도 못하고 자신이 세운 것도 아닌 로마교회에 편지를 쓰면서는 연약함이라는 단어를 칭의(justification) 논쟁의 일부로서 **매우 일반적인 용례로** 사용했다.

우리는 신약에 연약함 모티프, 곧 아마도 기독교 내에서 '비영웅적'(nonheroic) 특징으로 묘사되는 모티프가 있는 것처럼 보인다는 사실에 주목해야 한다. 사람들은 "내 형제들아 너희

가 여러 가지 시험을 당하거든 온전히 기쁘게 여기라. 이는 너
희 믿음의 시련이 인내를 만들어 내는 줄 너희가 앎이라"(약 1:2-
3, 개역)라는 본문을 읽으면서 유혹, 고난, 시험과 관련된 기독교
의 영웅상을 즉각 떠올린다. 예컨대 저런 본문들은 시험이 믿
음의 근육을 강하게 만들어주는 도구라는 것을 보여주는 데 사
용될 수 있다. 그러나 이런 영웅적 기독교는 그리스도의 중심
으로부터 멀리 떨어져 있고 실제로 그리스도의 정신과 어울리
지도 않는다.

　　예수는 "유혹/시험(temptation)의 때에 우리를 강하게 해주소
서"가 **아닌** "우리가 유혹/시험에 빠지지 않도록 지켜주시기"를
기도하도록 가르치셨다. 주기도문에서 우리는 "우리를 유혹/
시험에 **들게**(lead) **마시옵고** 다만 악(또는, '악한 자')에서 구하시옵소
서"(마 6:13; 참조, 눅 11:4b)라는 기도를 읽을 수 있다. 신약성경으로
전승된 이 그리스어 기도의 이면에 있는 본래 아람어를 고려한
다면, 여기에 나타나는 동사 "인도하다/들게 하다"(lead)의 본래
히브리어/아람어 형태는 아마 "우리를 유혹에 **빠뜨리지 마시옵**
고"로 옮겨질 수 있을 것이다. 더욱 최근의 주기도문 번역에서
는 "유혹"보다는 "시험"(test)을 선호하는데 이는 옳다—그리스
어 '페이라스몬'(peirasmon)은 두 의미를 모두 가지고 있다. 따라
서 이렇게 패러프레이즈 할 수 있다: "우리 자신이 결국 시험에
들게 되는 그러한 상황이 발생하지 않게 해주십시오." 이는 복

음서들과 더욱 잘 어울린다. 거기에서는 사탄, 악한 자가 모든
수단을 동원할 때 사람이 견딜 수 없다는 것을 그리스도인들이
알고 있다는 듯이 묘사되기 때문이다(막 13:20//마 24:22). 복음서
에는 예수 따르미들과 관련해서 사탄과 영웅적으로 싸우는 상
이 나타나지 않는다. 복음서는 사탄의 능력을 매우 실제적으로
그리고 있다. 유일하게 도움이 되는 것은 하나님의 개입이다—
선택된 자들을 위해 마지막 시험의 때가 감하여져야 하고 다른
방식으로는 어느 누구도 구원될 수 없다(막 13:20과 평행구절). 이
것이 복음서의 분위기다. 여기서는 누구도 박해, 유혹, 대적의
공격에 대해 영웅적 태도를 취하지 않는다. 이러한 관점에서
제자들에게 사역을 위임하고 선교에 대한 지침을 주고 있는 마
태복음 10장을 고찰해보는 것이 중요하다. 위임의 어조는 비영
웅적이다: "누구든지 너희를 영접하지도 아니하고 너희 말을
듣지도 아니하거든 그 집이나 성에서 나가 너희 발의 먼지를
떨어 버리라. … 이 동네에서 너희를 박해하거든 저 동네로 피
하라"(마 10:14, 23a). 예수는 싸우도록 제자들을 독려하지 않으셨
다. 이는 분명 비영웅적이다. 물론 상황이 절망적이고 제자들이
체포되어 적대적인 당국에 끌려가더라도 선택의 여지가 없었
다—그리고 그러한 경우에는 본인들의 용기가 아닌 아버지의
영을 통해 할 말이 주어질 것이다(마 10:19-20).

바울은 고린도교회에 이와 동일하게 쓰고 있다: "사람이 감

당할 시험 밖에는 너희가 당한 것이 없나니 오직 하나님은 미쁘사 너희가 감당하지 못할 시험 당함을 허락하지 아니하시고 시험 당할 즈음에 또한 **피할 길을 내사** 너희로 능히 감당하게 하시느니라"(고전 10:13, 개역). 그리고 바울이 자신의 고초를 심지어 자랑으로 열거할 때조차—매 맞음, 돌 맞음, 파선, 온갖 위험, 곤경, 걱정—연약함에 대해 말한다(고후 11:23-29). 그렇지만 바울은 독자들에게 마지막 결론을 그리기 위한 마지막 이미지로서 자신의 경험을 남겨두었다: "내가 부득불 자랑할진대 내가 약한 것을 자랑하리라. … 다메섹에서 아레다 왕의 고관이 나를 잡으려고 다메섹 성을 지켰으나, 나는 광주리를 타고 들창문으로 성벽을 내려가 그 손에서 벗어났노라"(고후 11:30-33, 개역). 나는 바울이 교회에 자신을 알리기 위해 의도적으로 남겨둔 경험을 다음과 같이 묘사하는 것은 과장이 아니라고 생각한다: 치욕스럽게 몰래 빠져나가 몸을 구부려 숨기고 있는 바울. 이것이 바로 그리스도의 사도의 이미지다. 이것은 바로 하나님의 영광을 (사람의) 총명, 업적, 건강, 다른 어떤 순교자적 열망으로 가려서는 안 되는 질그릇이다: "우리가 이 보배를 질그릇에 가졌으니 이는 심히 큰 능력은 하나님께 있고 우리에게 있지 아니함을 알게 하려 함이라"(고후 4:7, 개역).

이렇게 바울은 연약함을 자기 내부로부터 발생한 것—순종, 거룩함, 도덕적 능력, 성취의 부족—으로 여기지 않았다. 도리

어 자신의 연약함은 외부—사탄에 의한 고통, 대적이 주는 고
난—에서 왔다. 이제 우리는 바울의 강한 양심을 다시 한번 살
펴보려 한다. 바울의 양심은 그렇게 묘사되는 것 그 이상이다.
이는 아주 강한 인지 방식이자 삶의 방식으로서 바울의 기독론
과 사역의 모체가 되었다.

위 논의가 우리에게 남겨준 것을 생각해볼 수 있다. 어떤
점들은 분명하다. 그중에서도 부정적 차원의 관점이 가장 흥미
로운 것 같다. 바울은 우리에게 익숙한 자기반성적, 자기중심
적, 인간학적인 광경(vision)과는 완전히 다른 담론의 영역에서,
완전히 다른 방식으로 연약함에 대해 말하고 있다. 또한 화려
하거나 성공적인 모든 것에 대한 깊은 의심이 바울의 사고 안
에 들어 있음도 분명하다.

이 사실을 기억하면서 그리고 이천 년이 지난 지금 우리 자
신을 돌아보면서 길을 잃지 않도록 주의를 기울여야 한다. 우
리는 예수가 세리와 바리새인에 대해 말씀하신 바를 기억한다.
세리는 겸손으로 인해 의롭다 함을 받았다(눅 18:9-14). 우리가
"누구든지 스스로 높아지고자 하는 자는 낮아질 것이요, 낮아
지고자 하는 자는 높아질 것이다"라는 예수의 말씀을 이야기하
면, 교회에서 사람들을 앞장서는 자리에 앉게 하기는 어렵다—
물론 이는 저들이 겸손하게 보이기를 바라기 때문이다. 우리는
바리새인보다도 세리를 좋아해야 한다는 사실을 들어왔다—그

러나 우리가 노력하면 할수록 더욱 바리새인처럼 되어간다. 끊기 어려운 악순환이 시작된다.

우리는 연약함과 관련해 이와 유사한 문제를 가지고 있다. 특히 우리가 연약함을 자랑할 기회가 있다고 생각할 때마다 그렇다. 이 점에 있어서 사역자에게는 많은 유혹이 따른다. 어떤 사람들은 일하지 않으면서, 일을 그르치고서, 또는 일이 잘 풀리지 않을 때 이렇게 이야기 한다: "제가 옆 교회 목사만큼 인기가 없고 저들만큼 많은 교인들을 가지고 있지 않는 이유는 바로 저들이 가진 겉치레가 없기 때문입니다. 사람들이 제게 와서 듣기를 원하지 않는 이유는 제가 **진리의** 복음을 전하기 때문이고 제가 **참된** 사역자이기 때문입니다. 바울도 고린도에서 이와 비슷한 경험을 하지 않았습니까?" 연약함에 대한 위대한 사도의 통찰을 저런 싸구려 모방으로 바꿔치기 하지 않기 위해 우리는 많은 지혜와 명민함이 필요하다. 이것은 우리가—목회자든, 교사든, 소명을 성취하려는 사람이든—할 수 있는 일이 아니다. 마르틴 루터(Martin Luther)가 이 연약함과 십자가 문제를 논한 것은 옳다: "맞습니다! 그리스도인은 자기 십자가를 지지만 십자가를 고르지는 않습니다. 그리스도인은 어떤 십자가를 져야 하는지 선택하는 자가 아닙니다." 목회자라면 분명 누구나 자기의 연약함을 알아야 할 진정한 이유가 있다—하지만 육체의 가시는 종종 드러나 보이는 것과 다른 경우가 많다. 자기 십자가를 진다는 것은 낙심하지 않고 그것을 온유하게 받아들이는 것을 의미한다. 루터는 수도사가 정해진 시간에 질서 있게 금욕적이고 세상을 부정하는 것이, 목사가 무언가를 해야겠다고 느끼는 순간에 배우자나 아이들로부터 온갖 방해를 받는 것보다 훨씬 쉽다고—아마도 과장해서—이야기했다. 이것은 작은 예지만 전혀 관련 없지 않다.

이제 더 큰 문제로 돌아가려 한다. 나는 바울이 연약함—죄가 아니라—에 대해 말할 때 의미했던 바를 묘사하려 했다. 이것은 바울신학에 있어서 가장 **경험적인** 요소다. 이 주제를 염두에 두지 않는다면 내가 마치 경험 자체(experience *qua* experience)에 반대하는 것처럼 보일 수도 있다—이는 사실이 아니다. 분명 바울은 사도들과 신약성서 기자들 사이에서 진정 날카로운 지성을 가진 인물이었다. 바울은 칭의 및 기타 신학적 문제를 명료하게 이론적으로 다루려는 열정이 있었다. 그러나 바울은 우리가 이 장에서 살펴본 바와 같이 매우 인격적이고 인간적이기도 하다. 바울은 우리에게 죄보다도 연약함을 이야기했다.

5. 완전함이라기보다는 사랑

"완전함(integrity)보다는 사랑"이라는 소제목은 **사랑**이라는 단어를 포함하고 있다는 점에서 어쩌면 앞에서 다루었던 장들보다 어려울 수 있다. "사랑"은 복음 전체, 곧 그리스도의 삶, 고난, 죽음의 전체 의미, 기독교의 전체적인 메시지를 요약하는 데 사용되기에 특히 다루기 만만치 않은 용어다. 사랑은 많은 영역에서 중요한 거의 모든 것을 표현할 수 있는 것으로 당연하게 여겨지곤 한다. 우리의 언어뿐 아니라 우리의 생각과 감정에서도 이보다 더 과하게 사용되고 있는 단어는 거의 없다. 찰리 채플린(Charlie Chaplin)의 영화, 〈라임라이트〉(Limelight)에서는 기독교 메시지의 대부분이 희화화되었는데, 거기에 나오는 한 노래의 가사는 처음부터 끝까지 아주 강렬한 단어인 "사랑"의 반복으로 구성되어 있다: "사랑, 사랑, 사랑 …." 더욱 정곡을 찌른다면 어쩌면 "우리의 사랑으로 우리가 그리스도인이라는 것을 알기에"(For They Know We are Christian By Our Love)라는 노래는 아주 잠깐 흥얼거리고도 외울 수 있다. 이런 노래가 오히려 빨리 질리는 이유를 곰곰이 생각해보는 것도 재미있는데, 이는 "사랑"이라는 단어를 과하게 사용되는 것과 관련이 있을지 모른다.

　　그러나 나는 우리가 보잘 것 없고 약하다고 해서 이를 단념해서는 안 된다고 생각한다. 많은 사람들은 기독교 신앙의 핵심인 황금률을 조롱하는 것이 마치 참되고 깊은 신학인 양 생각하는 듯하다. 이는 마치 '깊은 신학자들'과 더욱 대중적인 기독교 옹호자들이 서로 분리되어야 한다는 것과 같다. 그렇게 되면 황금률에 요약된 그리스도인의 삶을 비웃게 되고, 그리스도의 삶, 고난, 죽음에서 예시된 하나님의 사랑에 대한 신학과 이론의 중요성을 과도하게 강조하게 된다. "무엇이든지 남에게 대접을 받고자 하는 대로 남에게 대접하라 이것이 율법이요 선지자니라"(마 7:12; 참조, 눅 6:31)는 것 역시 하나의 황금률이다. 깊은 신학자들은 이것을 사랑이라기보다는 행위, 곧 율법주의로, 또는 순수한 사랑 명령을 폄하하는 실리적인 거래에 불과한 것으로 본다. 여기에 민감한 문제가 있다. 사람들은 사랑에 대해 뭐라고 이야기하는가? 우리는 어떻게 한편으로는 신학적 엘리트주의를, 다른 한편으로는 (사랑의) 과한 사용이나 저속화를 피할 수 있는가?

바울이 사랑에 대해 말하는 고전적인 본문은 물론 고린도전서 13장—사랑의, 사랑에 대한, 사랑을 위한 노래—이다. KJV의 "자선"(charity)이라는 번역은 17세기에는 본래의 목적을 이루었을지 모르겠지만 20세기에는 원래 제안되었던 것과 다른 의미로 받아들여진다. 바울의 의도에 부합하는 바 마음이나 감정에 관한 단순한 **태도**와 자비의 **행위**, 곧 사랑의 행동인 "자선"을 구분할 필요가 있다. "자선"은 겸손한 자선 행위나 부자가 가난한 자에게 주는 이기적인 선물을 의미하게 되었다—그런데 이러한 의미는 분명 바울이 염두에 두었던 것이 아니다. 오히려 바울은 그러한 것을 비판하고 있는 것처럼 보인다: "내가 내게 있는 모든 것으로 구제하고 또 내 몸을 불사르게 내줄지라도 사랑[KJV: 자선(charity)]이 없으면 내게 아무 유익이 없느니라"(고전 13:3, 개역).

바울이 무엇에 대해 말하고 있는가? 앞 장들의 방법론과 전제들을 사용한다면, 우리가 느낄 만한 것이 아니라 바울이 고린도 사람들과 논쟁하는 이 특정 지점에서 반쯤 찬송적인 언어로 선언하려는 것이 무엇인지 확정하기 위해 노력해야 한다. 우리는 바울에게서 사랑이 없으면 어떤 행위도—즉 자신을 순교자나 제단 위의 희생으로 바치는 가장 위대한 행위조차도—결국 아무 소용이 없다는 말을 듣고 있다.

고린도전서 13장은 한 차원으로 읽힐 수 있으며 이는 우리가 실제로 평소에 자연스럽게 읽는 의미일 것이다. 즉, 가장 위대한 행위라 할지라도 그 자체는 열등한 동기들로부터 생겨날 수 있고 우리의 기독교 덕목에 대한 그릇된 이미지에 병적으로 집착하는 지경에 이르기까지 자기주장의 수단이 될 수 있다. 그렇다면 내적이고 궁극적인 동기—사랑—만이 실제로 가치 있다. 다행스럽게도 현대 신학자들은 고린도전서의 헬라어 '아가페'(*agape*)가 동기 없는 하나님의 사랑을 가리키는 것으로서 세상이 일반적으로 "사랑"이라고 부르는 '에로스'(*eros*)와 완전히 다르다는 점을 지적한다. 나의 한 동료 앤더스 니그렌(Anders

Nygren)은 매우 예리한 연구인 『아가페와 에로스』(*Agape and Eros*)를 저술했는데, 여기서 이 중요한 구분을 지적하면서 사용했다. 고린도전서 13장에 대한 니그렌의 윤리적이고 동기적인 해석에 따르면, 바울은 어떤 행동이나 행위도, 예언이나 방언 같은 영적인 능력의 놀라운 표현도 이기적이지 않고, 실제적이며, 동기가 없는 사랑의 샘으로부터 흘러나오지 않는다면 아무 소용이 없다고 주장한다.

여기에서부터 우리는 진정으로 중요한 모든 것, 실제로 가치 있는 모든 "덕목"은 '아가페'의 부산물에 불과하며, 이런 사랑은 자발적으로 명령되거나 순수한 인식으로부터 창출될 수 없다는 더욱 깊은 심리학적 통찰에 쉽게 도달할 수 있다. 의지만으로는 사랑할 수 없다. "이제 나는 사랑할 것이다"라고 말하고서 실제로 사랑하는 사람은 어느 누구도 없다. 우리는 사랑을 통제할 수 없다.

아마도 그리스도인 생활에서 가장 까다롭고 흥미로운 미덕 중 하나인 겸손의 작동 방식에 내재된 어려움을 인식하는 것은 어렵지 않다. 겸손하기를 바랐던 한 남자에 대한 잘 알려진 이야기가 있다. "겸손을 이루었을 때 그는 매우 **행복했다**. 그러나 그는 겸손해서 행복하다는 사실이 매우 **유감이었다**. 그리고 그는 자신이 겸손해서 행복했다는 사실을 유감으로 생각한 것이 매우 **행복했다**. …" 이 악순환에서 벗어날 수 있는 방법은 없다.

겸손은 소유했던 바를 잃는 것이며, 겸손은 바로 자신의 부족함을 아는 것에서부터 생겨나는 것이기 때문이다. 이러한 악순환은 사랑과 관련해 어느 정도 존재하며 사람 사이의 관계에서 정말 가치 있는 세상의 모든 것과 관련해 어느 정도 존재한다. 사랑은 어떤 상황들 가운데 단순히 존재한다. 어떤 철학자나 신학자들은 사랑은 손에 쥘 수 있는 '아비투스'(habitus)가 아니라 관계라고 말할 것이다. 사랑은 물질이라기보다 복사에너지(radiation), 파동 현상에 가까울 것이다.

이러한 문제에 매우 민감하며 종교적 통찰력을 가진 사람이라면 그런 섬세한 분석이 얼마나 유용한지 안다. 요지는 사랑 없이 베풀어지는 사랑은 모욕, 조롱, 수치스러운 사랑에 불과하다는 것이다. 나는 구세군의 창시자인 윌리엄 부스(William Booth) 장군에 대응되는 로마 가톨릭의 성 뱅상 드 폴(St. Vincent de Paul)을 기억한다. 뱅상은 17세기에 프랑스에서 일종의 빈민 구제 사역을 시작하여 죄수, 병자, 극빈자를 돌보는 일에 헌신했다. 나는 몇 년 전에 상영되었던 그에 관한 훌륭한 영화, 〈므슈 뱅상〉(Monsieur Vincent)을 아직도 기억한다(조금 다른 이름으로 나왔을 수도 있다). 영화 속에서 뱅상이 파리에서 가장 열악한 빈민가를 돕기 위한 단체를 설립한 이후 침상에서 죽을 때, 임종을 지켜보고 있던 한 수녀에게 이렇게 말한다: "수녀님, 우리는 이 사람들을 많이 사랑해야 합니다. 저들이 저들을 도운 우리를 용서할 수 있도록 말입니다." 여기에는 많은 지혜가 담겨 있다. 사랑이라는 것이 내가 가진 모든 것을 바쳐 가난한 이들에게 주는 것을 의미한다 하더라도, 그런 사랑으로서의 행동에 사랑이 없다면 우리 위대한 서구 전통에 있어서 부담과 모욕에 지나지 않을 것이다.

굴욕적이지 않은 도움에 대한 이러한 관심은 국내 정책과 외교 정책 측면에서 매우 폭넓은 의미를 가진 통찰이 된다. 이는 가난한 사람들을 돕는 "자선" 모델이 작동하지 않는 이유를 설명해준다. 즉, (집단이든 개인이든) 자아(ego: 우리/나)가 명령하고, 지휘하고, 통제하기를 원하는 한 "사랑"이 아니라는 단순한 이유 때문에 작동하지 않는 것이다. 진정한 사랑은 주는 사람도 받는 사람도 모두 주고받는 것을 의식하지 않을 것을 요구한다. 부자와 가난한 자 사이의 격차를 줄이기 위한 수단으로 내는 세금은 구제에 관한 예수의 말씀에 상상적으로(imaginative) 순종하는 것이라고 말할 수 있다: "…너는 구제할 때에 오른손이 하는 것을 왼손이 모르게 하여 …"(마 6:3). 세금을 낼 때 우리는 구제하지만 "내가 준다"라고 말하는 만족감을 얻지 못한다. (저 말씀에 따르면) 이것이 사랑에 더 가깝다.

우리는 오랫동안 바울을 이러한 방식으로 해석해왔고 고린도전서 13장에서도 이 방향을 가리키는 것처럼 보이는 많은 증거들을 발견할 것이다. 곧, 내가 아무리 선한 일을 행한다 하더라도 참된 사랑으로부터 나온 것이 아니라면 이는 헛된 것이라는 말이다. 하지만 그렇다면 우리는 왜 이 장에 신비를 이해하는 것, 지식(*gnōsis*), 예언과 방언 말하는 것에 대해 그렇게 많은 내용이 담겨있는지 의아하게 생각할 것이다(고전 13:2, 8). 우리가 지금까지 추구했던 해석에 따르면 이러한 개념들은 사랑에 관한 메시지와 자연스럽게 어울리지 않는다. 그런데 이것들은 우리를 고린도전서의 전체적인 맥락으로, 특히 13장 바로 앞과 뒤의 장으로 들어오게끔 인도한다. 물론 우리는 서신 전반을 염두에 두고 해석하기를 시작했어야 한다—하지만 나는 서구의 자기 성찰적 게임을 하면서 이것이 가리키는 길을 드러낼 수 있음을 보여주고자 한다.

고린도전서의 일반적인 맥락은 고린도교회가 경험한 흥분, 열광적 극단주의, 수많은 업적들에 관한 문제를 다루는 것이다. 고린도교회는 실제로 영광스러운 교회였지만 이상적인 교회와는 거리가 있었다. 바울에게 있어서 이처럼 곤란한 문제들을 가지고 있었던 교회는 거의 없었다—그러나 고린도교회에 보내는 서신들은 단지 우연적으로 기록된 것일 수 있다.

고린도는 기독교가 진출한 헬레니즘 세계의 다른 도시들과 별반 다르지 않은 항구 도시이자, 대도시였다. 죄 가득한 도시로서의 고린도의 이미지는 그리스어 동사, '코린티아제스타이' (*korinthiazesthai*), 곧 "고린도에서처럼 살다"가 "음행을 행하다"를 의미하게 되었다는 사실은 주석가들과 설교자들에 의해 종종 언급된다. 이는 고린도가 창녀로 유명했기 때문이다. 이는 옳은 진술이며 아리스토파네스(Aristophanes)는 펠로폰네소스 전쟁(Peloponnesian War) 동안 아테네인들이 남쪽에 대한 경멸의 일환으로 이 문구를 만들어낼 수 있었다고 보았다. 그러나 바울의 고린도가 특별히 악했다는 언급은 어디에도 없다. 바울이 언급하는 이 도시는 주전 44년 로마의 식민지로 완전히 새롭게 세워졌다. 고대 고린도는 그때로부터 한 세기 전에 파괴되었다. 바울이 복음을 전파한 곳이 바로 이 크고 혼란스러운 도시다. 그 도시는 많은 문제가 있었지만 결코 둔감하지는 않았다. 고린도 사람들은 모든 일에 참으로 뛰어났다—방언하는 것과 예언하는 것과 큰 소리로 외치는 것과 모든 죄에 있어서 그러했다. 고린도인들에게 보낸 바울의 첫째 편지는 이 문제를 다루고 있다. 사랑에 관한 장 바로 앞 장에서는 성령, 곧 많은 은사를 가지고 있는 한 성령을 다룬다(고전 12장). 이 장에서 바울은 이상하게도 방언을 말하는 것이 가르치는 것이나 다스리는 것보다 더 우위에 있지 않다고 단언한다. 흥미롭게도 바울은 방언하거나 예언하는 것이 선하고 책임감 있는 행정관(administration)의 책상 앞에 앉아 있는 것(통치자의 직무를 가리킴—역주)보다 더 영적이지 않다는 흥미로운 진술을 한다. 아마 당시에 책상은 없었겠지만 우리 시대의 모든 설교자, 교사, 학생이 가지고 있는 것과 같이 통치자에 대한 경멸이 분명 있었다. 바울은 이모든 것이 어우러진다는 사실을 어떻게든 보여주려고 했던 것같다. 따라서 그는 '아가페', 사랑을 언급하면서 실제로 '아가페' 없이는 어떤 영적 성취, 기독교적 행위, 기독교적 미덕도 교회의 안녕에 해롭고 위험하며 위협할 수도 있음을 이야기하는 것이다. 골로새서에는 이 생각을 요약한 놀라운 구절이 있다: "그러므로 너희는 하나님이 택하사 거룩하고 사랑받는 자처럼 긍휼과 자비와 겸손과 온유와 오래 참음을 옷 입고 … 서로 용납하여 피차 용서하되 …"(골 3:12-13, 개역). 그리고 이 모든 견고하고 영광스러운 미덕을 나열한 후에 저자는 다음과 같이 요점을 썼다: "이 모든 것 위에 사랑을 더하라 이는 온전하게 매는 띠니라"(골 3:14, 개역). 누군가가 겉으로 드러나는 모습을 강요하고, 그리스도인이 이 사랑의 띠나 허리띠로 묶여 있지 않다면, 이 훌륭한 덕은 걸림돌이 되거나 넘어뜨리는 원인이 될 것이다. 그리고 누구든지 유덕한 사람들과 함께 사는 것이 얼마나 어려운지 아는 사람은 이를 이해할 것이다.

이렇게 사랑은 "수퍼(super)-미덕"이 아니다. 바울에게 사랑은 교회를 향한, 형제자매를 향한 끊임없는 관심을 의미한다. 요점은 이것이다. 교회에 대한 관심, 동료 그리스도인에 대한 관심이 바로 사랑이다. 지식(*gnōsis*)은 자랑하게 하거나 교만하게 만들지만(고전 8:1), 사랑은 세워 준다(*oikodomein*, "[교회를] 견고하게 하다", "덕을 세우다"). 고린도전서 13장에서 이야기하는 바가 바로 견고하게 하고 세우는 이러한 사랑이다. 내면적인 감정을 더욱 깊이 느낀다는 차원의 사랑이 아니라 교회 전체에 대한 진술하고 합리적인 관심 차원의 사랑이 가장 위대하다. 방언을 하거나 또는 과부의 헌금과 같이 아주 적은 양을 드리는 것조차도 '오이코도메'(*oikodomē*), 곧 기독교 공동체를 세우는 전체적인 일 안에서 이루어지지 않는다면 교회를 견고하게 하고 세우는 데 위협이 된다. 그래서 바울은 마지막에 이렇게 이야기한다: "그런즉 믿음, 소망, 사랑, 이 세 가지는 항상 있을 것인데 그중의 제일은 사랑이라"(고전 13:13, 개역). 물론, 바울이 말하고 있는 바는 모든 설교자가 매주 일요일 아침 회중에게 기독교 메시지의 핵심이라고 말하는 바—그러한 "핵심"은 많지 않은가?—와 같은 것이 아닌지 의심할 수 있다. 그러나 나는 여기서 그런 식의 수사학을 다루고 있다고 생각하지 않는다. 바울은 자신이 말한 그대로를 의미한다. 그는 마음가짐(attitude), 미덕, 하나님의 은사를 나란히 놓지 않는다—우리는 믿음이 있어야 하고, 소망이 있어야 하고, 사랑이 있어야 한다. 오히려 바울은 믿음과 소망 같은 것들이 우리 자신의 명석함, 우리 자신의 헌신, 믿고 신뢰하는 우리 자신의 능력을 드러내기 위해 과시하는 작은 명품 로고(lapel buttons: 문자적으로 "옷깃 단추"—역주)로 전락하지 않도록 보호하는 것이 사랑이라고 정확하게 지적한다. 실제로 사랑은

교회를 세우는 데 유익이 되도록 형제자매와 함께 하는 것이
다.

　　내가 이 장의 제목을 "완전함이라기보다는 사랑"이라고 붙
인 것은 완전함에 반대한다든지 성경이 완전함을 죄로 여기기
때문이 아니다. 완전함은 서로 다른 견해, 서로 다른 확신, 서로
다른 재능을 가진 사람들이 더불어 살아갈 때의 문제다. 바울
은 사랑을 강조하면서 이 문제를 정확히 언급한다. 고린도전서
의 구체적인 문제는 무엇인가? 많다. 고린도전서는 바울이 다
루어야 할 구체적인 문제가 너무 많기에 특히 흥미로운 편지
다. 바울은 종종 다음과 같이 말하면서 단락을 시작한다: "너희
에 대한 말이 내게 들린다"(고전 1:11); "실제로 들리는 바 …"(5:1);
"이제 너희가 기록한 일들에 대해서는 …"(7:1); "이제 결혼하지
않은 자에 대해서는 내가 주께 받은 계명이 없으나, 나의 의견
을 말한다"(7:25); "이제 우상에 바쳤던 제물에 대해서는
…"(8:1); "나는 너희 중에 분쟁이 있다는 것을 듣고 …"(11:18);
"형제들아, 이제 신령한 은사들에 대해서는 너희가 알지 못하
기를 나는 원하지 않는다"(12:1); "이제 모금에 대해서는
…"(16:1). 사실상 바울은 "이제 너희가 내게 쓴 이런저런 문제에
대해 나의 견해는 이러하다"라고 쓴다. 그는 분열, 근친상간, 결
혼, 미혼, 우상의 제물, 주의 만찬에서의 분리, 영적 은사, 예루
살렘 교회를 위한 모금 문제를 다룬다. 이러한 문제들—교회의

규율, 결혼, 어떤 음식을 먹을지, 다양한 영적 은사들 등등—이 모두 고린도교회 안에서 발생했다. 바울은 자신이 들은 것을 기록하고, 그에게 제기되었던 질문들을 설명했다.

바울이 사랑과 완전함의 관계를 가장 분명하게 보여주는 것은 음식과 관련해서다. 이는 우리 시대에 직면한 문제는 아니지만 바울 시대에 고린도인들에게 이것이 무엇을 의미했는지를 이해할 필요가 있다는 점은 다시 한번 강조될 필요가 있다. 고린도의 육류 시장에서 구할 수 있는 많은 고기들은 신전에서 흘러나온 것이었다. 희생 제물로 바쳐진 동물의 고기가 신전에서 불에 태워지거나 신성한 음식으로 소비되는 경우는 거의 없었다. 그러한 모든 고기의 대다수는 고린도의 시장에서 공개적으로 판매되었다. 교회를 괴롭혔던 문제는 그리스도인이 우상에게 바쳐진 이 고기를 우상 숭배에 물들지 않은 채 먹을 수 있는가 하는 것이었다. 이것이 고린도전서 8-10장에서 다루어지는 문제다.

바울이 이런 문제들을 다루면서 어떤 경우에도 "내가 율법주의를 반대하는 줄을 너희가 알지 못하였느냐? 아무 문제가 없으니 다 해결되었다"라고 말하지 않았다는 점에 주목하는 것은 흥미롭다. 몇 가지 이유로 바울은 그러한 "가장 바울스러운" 통찰을 사용하지 않았다. 오히려 더욱 실용주의적인 관점에서 하나의 원칙을 이야기한다(고전 6:12): "모든 것이 나에게 가하지만 모든 것이 공동체, 즉 교회를 세우는 일에 도움이 되는 것은 아니다." 이러한 원칙은 고린도전서 10:23에도 언급되어 있는데, 여기서는 교회를 세우는 일을 염두에 두고 있음이 더욱 분명하게 드러난다. 모든 것이 허용되지만 모든 것이 (공동체를) 세우는 것은 아니다. 저 두 경우 모두 원칙은 음식과 관련한 논쟁, 특히 유대-그리스도인들의 코셔(kosher) 논쟁(행 15:20; 참조, 갈 2장)이 아니라 "우상에게 바쳐진 음식"을 먹는 문제에 적용된다.

이 문제에 대해 고린도의 그리스도인들은 서로 다른 견해를 가지고 있었다. "강한" 어떤 사람들은 그러한 음식을 먹을 자유를 주장했다—바울은 이것이 신학적으로 옳다고 생각했다. 그러나 "약한" 다른 사람들은 그러한 관행이 잘못되었다고 생각했다. 이 본문에서 바울은 강한 사람들에게 자유를 과시하지 말고 약한 자들의 염려를 살펴야 한다고 촉구했다. 실제로 고린도전서 8-10장 전체는 다음과 같은 원칙에 의해 지배를 받는다: '나는 고상한(great) 권리를 가지고 있지만 그것을 끝까지 사용하지 않는 법을 배웠다.' 강자와 약자에 대한 바울의 성찰은 강자에게 약자를 받아들일 것을 촉구하는 로마서 14장에서 더욱 정형화된 형태로 반복된다—그러나 이는 저들을 비난, 경멸, 판단, 폄하하기 위한 것이 아니다. 거기서 바울은 서로의 확신을 존중하는 것의 중요성을 더욱 강력하게 강조했다. 교회는 사람들이 서로 다른 견해를 가진 채 더불어 살아갈 수 있는 장

소지만, 그러기 위해서는 사랑이 필요하다. 사랑과 서로 용납하는 분위기 안에서, 다양성 존중에 대한 진술은 결론에 이르러 고조된다: "확신에서 나오지 않는 모든 것은 죄다"(롬 14:23; 참조, 14:5).

물론 그리스도인은 우상이 아무것도 아니라는 것을 알기에 우상에게 바쳐진 음식을 자유롭게 먹을 수 있다. 바울이나 순회사역을 하는 다른 사도들은 자신들의 일에 대한 보수를 받을 수 있었다. 구약성경에 "곡식을 떠는 소의 입에 망을 씌우지 말라"(신 25:4)라고 언급하고 있고, 예수도 제자들을 보내시면서 일꾼은 선교사역에 있어서 삯을 받을 자격이 있다고 말씀하셨기 때문이다(눅 10:7; 고전 9:14). 하지만 바울은 그렇게 주장하기를 원하지 않았고, 따라서 사역의 여정 가운데 스스로를 부양하기 위한 직업을 가졌다. 바울은 그리스도인에게 많은 특권이 있지만, 다른 사람들—특히 교회의 약한 구성원들—에게 문제가 되는 경우 그 특권을 이용할 권리가 없다고 생각했다. 그래서 바울은 자신의 특권과 자유를 최대한으로 사용하지 않았다. 왜냐하면 그것이 그리스도의 교회에 파당을 만들어낼 수 있었기 때문이다. 만일 그것이 그리스도가 위하여 죽으신 자들에게 해를 끼치는 일이라면 어떤 그리스도인도 완전함을 주장할 수 없다(고전 8:9-11).

바울의 사상의 요지는 완전함 그 자체로는 아무 가치가 없고, 완전함을 그대로 드러내서는 안 된다는 것이다. 그리스도인은 양심을 위해—강한 그리스도인의 양심뿐 아니라 연약하여 특권이 걸림돌이 될 수 있는 다른 그리스도인의 양심을 위해—많은 특권을 삼가야 한다. 연약한 사람의 양심에 따라 자신의 삶을 결정하는 것은 "완전함이라기보다는 사랑"을 보여주는 최고의 예다. 이 모든 것들이 교회를 세운다는 더욱 포괄적인 관점으로 드러난다. 따라서 바울은 우리가 생각하기에 매력적이지 않은 말을 하기에 이른다: "유대인들에게 내가 유대인과 같이 된 것은 유대인들을 얻고자 함이요, … 이방인들에게 내가 율법 밖에 있는 자와 같이 된 것은 이방인들을 얻기 위함이라. … 약한 자들에게 내가 약한 자와 같이 된 것은 약한 자들을 얻고자 함이요, … 모든 사람을 얻기 위함이라"(고전 9:20-22). 일반적인 원칙에 따르자면, 이는 매우 가증스럽거나 어떤 완전함이 결여된 것처럼 보인다. 이것이 비록 주와 사명을 위한 것이라 하더라도 잘못된 것처럼 보인다. 자체에 완전함이 결여되어 있기에 그러한 진술은 많은 문제를 야기한다. 선한 일을 성취하는 데에 선한 방식과 나쁜 방식이 있다. 하지만 이것이 바울에게 있어서 단지 자기중심적인 행위에 불과한 것인가? 중요한 것은 완전함보다도 사랑—공동체에 대한 관심—이다. 그리고 이렇게 되면 실제로 어려움과 위험이 발생한다. 우리는 평화가 깨지는 것을 두려워하는가? 우리는 강하고 영향력 있는 증인의 존재를 두려워하는가?

기독교의 역사는 종교적·신학적·사회적 문제와 관련해 관찰되는 이러한 질문에 충분히 대답해왔다. 나는 수많은 목회자들에게 성경을 가르쳐왔는데, 저들은 이렇게 말하곤 했다: "오, 여기에서 우리가 이렇게 멋진 주제들에 대해 토론하는 것은 훌륭한 일이지만 우리 회중에게 이런 식으로 말할 수는 없습니다. 이는 제 양심 때문이 아니라 그들의 양심 때문입니다." 실제적인 문제는 이것이며 우리는 그것을 직시하고서 솔직하게 말해야 한다. 누가 연약하고 누가 강한지 확신이 서지 않을 때가 많다. 주저하는 자들이 항상 약한 자와 동일시되어야 한다는 것도 그렇게 확실하지 않다. 때로는 그 반대일 수 있다. 그렇지만 어쨌든 나는 바울의 원칙, 즉 "완전함이라기보다는 사랑"에 대해 말할 필요가 있다.

사랑의 궁극적인 중요성은 복음서에서도 분명히 나타난다. 마태복음 25:31-46에는 인자가 영광 가운데 오실 때에 양과 염소를 구별하여, 양은 오른편에, 염소는 왼편에 두게 될 최후 심판에 대한 장엄한 묘사가 있다. 여기서 예수는 오른편에 서라는 판결을 받게 될 사람들에 대한 흥미로운 기준을 제시한다: "… 내 아버지께 복 받을 자들이여 나아와 창세로부터 너희를 위하여 예비된 나라를 상속받으라. 내가 주릴 때에 너희가 먹을 것을 주었고 목마를 때에 마시게 하였고 나그네 되었을 때에 영접하였고 헐벗었을 때에 옷을 입혔고 병들었을 때에 돌보았고 옥에 갇혔을 때에 와서 보았느니라. … 내가 진실로 너희에게 이르노니 너희가 여기 내 형제 중에 지극히 작은 자 하나에게 한 것이 곧 내게 한 것이니라"(마 25:34-40, 개역). 내 생각에 이 본문에 대해 설교하는 일반적인 방식은 사람들이 적절하게 행동하도록 마지막 심판 날 일어날 일을 그림으로 보여주고 있다고 말하는 것이다. 그러나 이 차원에서는 어떻게 그러한 (행동) 기준이 은혜에 의한 구원의 교리와 일치하는지에 관한 흥미로운 신학적 문제가 발생한다. 왜냐하면 이때 구원은 행위에 의존하는 것처럼 보이기 때문이다. 몇몇 사람들이 그랬던 것처럼, 우리는 아마도 이것이 모든 인류가 아닌 교회 내에서의 심판을 가리키는 것이라고 주장할 수도 있다. 그리고 우리는 25장의 끝 부분을 읽으면서, 옳은 일을 한 사람들은 알지 못한 채 그렇게 했고 잘못된 일을 한 사람들도 알지 못한 채 그렇게 했으며, 주의를 기울이지 않은 사람들도 그리스도를 알아보지 못했고 관심을 보인 사람들도 그리스도를 알아보지 못했다는 사실에서 심리학적인 통찰을 얻을 수도 있다. 그러나 이것은 교묘하게 이용될 수 있다—"진정으로 선한 행동은 바로 이와 같다." 선한 행동은 동기가 없는 사랑인 '아가페'와 마찬가지로 무의식적으로—근원이 되는 사랑(quellende Liebe), 곧 단순히 샘솟아 넘쳐흐르는 사랑으로부터—행하여지는 것이다. 마태복음

25:31-46에 대한 그러한 해석이 옳을 수도 있겠지만 나는 의심을 가지고 있다. 내 생각에 오히려 마태는 이 마지막 심판에 관한 말씀을 예수의 고별사로 생각했던 것 같다. 주는 "나를 따르는 너희가 마지막 심판에 관심이 있고 염려하고 있으므로 어떻게 구원받을 것인지 알려주겠다"고 말씀하시지 않았다. 오히려 그분은 "친구들아, 나는 떠나갈 것이다. 이제 내가 어린 아이들, 교회 안에 있는 너희 형제자매들을 나의 대변자, 나의 대리자로 만드는 것을 너희에게 보여줄 것이다. 너희는 감사하는 마음으로 나를 섬기려 하겠으나 그 섬김을 지역사회, 특히 그 가운데서 가장 작은 자에게 베풀거라"고 말씀하고 계신 것이다. 그래서 다음과 같은 대화가 나오게 되는 것이다: "우리가 언제 당신이 주리고, 목마르고, 옥에 갇힌 것을 돌보거나 돌보지 않았다는 말입니까? … 내가 진실로 너희에게 말한다. 너희가 여기 내 형제 중 지극히 작은 자 하나에게 한 것이 곧 내게 한 것이다." 이와 같은 해석은 종교적인 노력 전체가 공동체를 향하게 되는 사랑의 원칙과 일치한다.

나는 완전함보다 사랑을 강조하면서 또한 모든 형제자매, 실제로 모든 인류를 사랑의 관심 대상으로 볼 수 있는 넓어진 양심을 가져야 한다고 강조한다. 이로써 우리는 자만심과 고린도에 만연했던 오만함으로부터 벗어날 수 있을 것이다. 이는 우리가 깊은 성찰적, 자기애적 자아에 몰두해야 한다는 것이 아니라 오히려 주위를 둘러보고 공동체에 유익이 되는 것이 무엇인지 살펴야 한다는 것을 의미한다. 우리의 윤리는 부패한 자아, 자기를 지향하는 자아보다는 교회 전체를 목적으로 삼아야 한다. 우리는 자아와 양심에 너무 많은 주의를 기울이지만, "타자-지향성", 자기를 부인하는 사랑이 기독교인의 삶에 주된 요소가 될 때 더욱 풍성한 열매를 맺게 된다.

복음서의 몇 가지 사례, 예를 들자면 대계명 이야기는 이를 명료하게 보여준다(막 12:28-34; 마 22:34-40; 눅 10:25-28). 어떤 율법사(마가복음에서는 서기관)는 영생을 상속받기 위해 행해야 할 큰 계명이 무엇인지 물음으로 예수를 시험한다. 마가와 마태 이야기에서 예수는 여기에 대답하시지만, 누가 평행본문에서는 질문자에게 되물으심으로 이중 계명을 이끌어내신다: "네 마음과 목숨과 뜻을 다해 주를 사랑하고 네 이웃을 네 자신과 같이 사랑하라." 이 이야기는 결국 예수에게 영생을 얻기 위해 무엇을 해야 하는지 묻는 부자 청년 이야기를 상기시킨다(막 10:17-31; 마 19:16-30; 눅 18:18-30에서는 "관리/통치자"[ruler]로 나옴). 저기서 예수는 십계명을 가지고 대답하셨다. 청년은 어려서부터 계명을 지켰다고 대답했다. 어떤 사람들은 추정컨대 예수가 청년의 피상적이었을 율법 지킴에 대한 견해를 지적했고 실제로 어떤 점들에서 율법을 범했을 것이라고 생각한다. 하지만 예수는 그렇게 하지 않으셨으며 오히려 청년에게 한 가지를 더 요구하셨다.

청년은 이를 안타까워 하면서도 많은 재물들을 포기할 수 없었다. 많은 소유가 예수를 따르는 데 걸림돌이 된 것이다. 그리고 이중 계명에 관한 누가 이야기에서 율법교사가 대답한 후 예수는 "네 대답이 옳다. 이를 행하라. 그리하면 살 것이다"(눅 10:28)라고 말씀하셨다.

두 이야기 모두에서 **행함**, 의를 행하는 것이 강조되는 것처럼 보일 수 있다. 하지만 두 경우 모두 실제적인 핵심은 이웃, 가난한 자, 또는 외부자에 대한 태도에 있다. 이는 예수의 대답에 잇따라 선한 사마리아인 비유가 나오는 것을 볼 때 분명해진다(눅 10:29-37). 여기서 요점은 외부자인 사마리아인이 진정한 이웃으로 드러난다는 것이다. 사마리아인은 멸시하고 거리를 두었어야 했을 사람을 개의치 않았고, 완전한 행동(거리를 두어야 했던 것—역주)에 대해 염려하지 않았다. 사마리아인은 특별한 이해관계를 계산하지 않고 사랑에 이끌려 행동하여, 따라서 도움이 필요한 누구에게나 자유롭게 이웃이 될 수 있었다. 이것이 이 비유의 특별한 반전이자 요지다. 곧, 완전함이라기보다는 사랑이라는 말이다.

나는 할머니들이 길을 건너는 것을 돕는 것이 착한 일이라는 것을 알고 있었던 보이스카우트 이야기를 항상 좋아한다. 이 소년은 기독교의 진지함에 대해 이해하기 시작하면서, 자신이 단지 자랑하기 위해 길 건너에 있는 할머니들을 인도하는 선한 일을 해왔다는 것을 깨달았다. 어느 날, 길을 건널 때 도움이 필요한 할머니가 있었는데, 소년은 자신이 단순히 자랑을 위해서 그 일을 하게 될 수도 있다는 것을 알았기에 할머니를 도와주어야 한다는 끔찍한 유혹을 견뎌냈다. 이렇게 소년은 자신의 완전함을 지켜냈고 할머니는 차에 치였다. 실제로 소년은 완전함을 지켜냈다 하더라도 사랑의 관점을 잃었다. 어쩌면 완전한 순수함을 추구하는 것보다도 남을 돕는 것이 더 중요할 수도 있다.

주의 만찬 거행에 관한 구절 배경에 유명한 말씀이 나온다 (고전 11:29): "**몸을 분별하지 않고 먹고 마시는 자는 자기의 죄를 먹고 마시는 것이다.**" 이 말씀도 사랑의 관점에서 타인에 대한 진정한 관심에 대한 것으로 이해될 수 있다. 이 본문은 주의 만찬, 성만찬의 역사에 있어서 굉장히 중요한 위치를 점해왔다. 현대 주석가들은 이 본문을 전체 맥락에서 이해해야 한다는 데에 어느 정도 동의한다. 그렇다면 문제는 고린도, 즉 여러 사회 계층의 사람들로 매우 광범위하게 구성되어 있었던 도시에서 저녁식사를 행하는 것과 관련이 있다. 상류층 사람들은 정성껏 만든 음식—적어도 공들인 샌드위치—을 가지고 만찬에 참여했지만 노예들은 큰 소리로 말할 수도 없었고 훔치지 않는 이상 음식을 가져올 수도 없었다. 그래서 바울은 부자들에게 이렇게 말한다: "너희가 먹고 마실 집이 없느냐? 너희가 하나님의 교회를 업신여기고 빈궁한 자들을 부끄럽게 하느냐?"(고전 11:22).
바울은 이 일상적인 문제에 다음과 같이 덧붙였다: "내가 너희
에게 전한 것은 주께 받은 것이니, 곧 주 예수께서 잡히시던 밤
에 떡을 가지사, 축사하시고 떼어 이르시되, '이것은 너희를 위
하는 내 몸이니 ⋯'"(고전 11:23-26, 개역). 여기에는 제자들에게 빵
과 포도주가 나누어졌다고 묘사되는데, 가난한 자들에게 주의
를 기울이지 않은 것에 대한 바울의 책망에 뒤이어 관례(institu-
tion)에 관한 언급이 나온다. 그리고 나서 바울은 이 문제로 돌
아와서 **몸을 분별하지 못한다**는 것과 관련하여 다소 끔찍한 판단
을 내린다. 이런 행실로 교회 공동체를 인지하지 못한 그리스
도인들은 정죄받아 마땅하며, 이것이 매우 심각했기에 몇몇은
약하고 병들었으며 심지어는 죽기까지 했다(고전 11:30). 이는 사
랑, '아가페'를 깨뜨리는 일이다. 주의 빵이나 주의 잔을 합당하
지 않게 먹고 마시는 것은 주의 몸과 피를 욕되게 하는 것이라
는 진술(고전 11:27)과 몸을 분별하지 못하고 스스로 심판을 불러
들이는 것이라는 진술(고전 11:29)이 성만찬의 역사에서 비극적
인 분열을 일으켜 왔다는 점은 흥미롭다. 실제로 이 구절들은
정확히 분열과는 정반대 방향을 지향하고 있다. 우리는 이렇게
패러프레이즈할 수 있다: "너희가 성찬에서 어떻게 분열을 조
장할 수 있느냐? 성찬에서 어떤 종류의/어떤 이유로든 분열이
있다면 너희가 그리스도의 몸을 조각내고 있다는 것임을 알지

못하느냐?" 교회의 문제나 윤리적 문제는 실제로 집단 내지 공동체의 문제다. 기독교는 철저하고 정확하게 따라야 하는 원칙이 아니기 때문이다. 기독교는 더불어 사는 삶에 대한 시도다—그리고 분열되지 않고 서로 간의 차이를 고려할 수 있는 어느 정도의 융통성을 가지고 있다. 이 문제를 그토록 민감하게 만든 것은 바울의 바리새적 배경일 수 있다. 바울은 다분히 훌륭한 완전함을 가지고 있었고 아마도 그 완전함은 바울에게 새로운 삶의 방식에 대한 비전을 주기 위해 실질적으로 어떤 역할을 했을 것이다. 그런 삶에서 인간의 윤리적 문제와 실존적인 문제는 한 영(Spirit) 아래 더불어 사는 삶과 관련하게 된다—따라서 지극히 큰 은사들도 근심하게 하는 것이 아니라 오히려 축복이 된다: "그리고 이 모든 것 위에 사랑을 더하라. 이는 완벽하게 매는 띠다"(골 3:14).

완전함이라기보다는 사랑이라는 바울의 원칙에 대한 다양한 설명들을 헤쳐오면서 우리는 이제 다음과 같이 예리하게 재진술할 수 있다: '사랑은 공동체의 일치감을 해치면서까지 완전함을 주장하기를 허용하지 않는다.' 바울이 이해하는 것처럼 사랑은 서로 다르게 생각하고 느끼는 사람들의 (저마다의) 완전함을 완전히 존중하기를 요구한다. 로마서에서 바울은 이를 잘 표현하고 있다: "믿음이 연약한 자를 너희가 받되 그의 견해를 비판하지 말라. … 각각 자기 마음의 확신에 따라 할 것이라"(롬

14:1, 5). 사랑은 다른 사람의 완전함을 온전히 존중하게 해주고, 완전함이라는 이름하에 자신의 방식대로 하려는 열심에 의한 분열을 극복한다.

6. 보편성이라기보다는 독특함

초기 기독교가 지녔던 다양성을 보여 주는 가장 인상적인 증거는 사도행전 15장에 기록된 사도들의 공의회다. 하지만 이 중요한 사건을 제대로 이해하기 위해서는 바울이 갈라디아서 2 장에 언급한 사도 회의의 결과도 함께 다루어야만 한다. 예루살렘에서 생긴 일이 사도행전 15장에 기록된 일과 거의 같다면, 바울이 갈라디아서에서 말하는 바는, 연보에 대한 강조와 더불어, 사도행전에 기록된 합의(행 15:20)를 굉장히 편향되게 해석한 것이 분명하다.

당연한 말이지만 갈라디아서 2장과 사도행전 15장의 관계에 대한 뜨거운 논쟁은 고대에도 있었고 지금도 여전하다. 내가 보기에는 갈라디아서 2장과 사도행전에 기록된 '사건'이 동일한 것이라고 보는 게 합리적이다. 그리고 사도행전의 기록이 실제 사건을 '제대로' 기술한 것이고 바울의 말은 바울 자신과 그의 선교에 유리한 방향으로 왜곡된 것이라는 견해에서 우리는 벗어나야만 한다. 사도행전과 갈라디아서 둘 다 이 사건이 매우 중요한 것이라고 보도한다. 이 두 문서 모두 사도 공의회와 바울 상호간에 만족스러운 방향으로 문제가 해결된 것으로 보도한다. 사도행전은 토라(율법)와의 연속성을 주장했던 사람들의 시각으로 보도하는 데 비해, 바울은 (특히 유대주의자[이방인 신자가 유대인처럼 살아야 한다고, 즉 유대인이 되어야 한다고 주장했던 사람들—역주]의 압박이 점차 심해지는 상황을 반영한 갈라디아서에서) 할례에 대한 규례가 강요되지 않았다는 점(갈 2:3)을 강조하고, 예루살렘 교회를 위한 연보로 상징되는 일치와 연합에 방점을 찍었다. 바울은 그의 여러 편지에서 자주 연보에 대해 언급한다(롬 15:26; 고전 16:1; 고후 8-9장).

이 모든 것들은 바울과 그의 선교가 지닌 독특성을 보여주며, 바울이 얼마나 열정적으로 하나님께서 그에게 주신 특별한 사명과 시각을 변증했는지 보여준다. 그는 갈라디아서에서 이 고유하고 독특한 선교 사역을 이방인의 사도로 부르신 소명, 임무, 그리고 복음—그가 자의적으로 포기할 수 없는 것들로서, 다른 사람들도, 심지어 그와 의견을 달리했던 이들도 이 점을 인정하게 되었다—과 연관 짓는다(2:6 이하). 그들은 바울과 그의 선교에 "교제의 오른손"을 내밀었다(2:9).

자신과는 다른 선교자들과 신학적 견해들이 있다는 것을 알고 있음에도 불구하고 바울이 자신의 독특한 방식으로 일을 할 수 있었던 이유를 고린도전서에서 찾을 수 있다. 바울은 고린도전서 3-4장에서 고린도교회 회중에게 분파가 어떻게 반드시 분열로 귀착되지 않을 수 있는지 상기시킨다(고전 11:18 참고). 그들은 교회 내의 다양성을 철학 학파들끼리의 논쟁 같은 것이 아니라는 점을 기억하면 된다(롬 14:1 참고). 그런 식의 논쟁은 육신적이며 단지 인간적 관점일 뿐이고, 기독교의 세속화된 견해다(고전 3:1-3). 적절한 때에 영원히 참된 것을 골라내실 하나님께서 지탱하시는 영적 실체이자 신비가 교회이기 때문이다. 그 시간이 오기 전까지 굳이 신학적 갈등을 해결해야 할 필요는 없다(4:5). 잘못된 신학으로 파생된 결과들이 사라지고 그런 신학을 주장한 이들이 마지막 날에 특권을 상실하게 되더라도(3:12-15), 그들은 바울처럼(4:4, "나는 내 가르침에 잘못된 점이 없음을 안다") 좋은 신학을 가르친 사람들과 마찬가지로 구원받을 것이다.

이 모든 것은 바울 자신이 어떻게 그의 고유한 독특성을 인지하고 있는지, 그리고 그 독특함이 교회 전체에 어떻게 들어맞는지 그가 숙고했음을 보여준다. 자신이 옳다고 확신했으나, 그럼에도 바울은 오직 하나님만이 최종 심판의 날에 행동하실 것과 같은 방식으로 이 모든 것들을 가려내실 거라 생각했다.

바울에 관한 전통적 견해는 그의 편지들이 결국 (그의 사후에) 성경이 되었다는 사실에 큰 영향을 받았다. 비록 바울서신으로 불리는 편지들 중 절반보다 약간 적은 수의 편지들이 실제로는 바울에 의해 작성되지 않았지만, 바울이 저자라고 기록된 바울 서신은 신약성경의 거의 1/3을 차지한다. 이 점이 바울이 **유일한** 이방인의 사도라는 인상을 강화시켰다. 바울이 이 사실을 알았더라면 대단히 기뻐했겠지만, 동시에 놀라기도 했을 것이다. 왜냐하면 그는 살아 생전에 커다란 영향력을 행사하는 것과 아주 거리가 멀었던 사람이었기 때문이다.

분명 사도행전은 기념비적인 인물로 바울을 그려서 이러한 바울의 이미지 형성에 기여했다. 하지만 사도행전에서도 바울이 복음을 이방인에게 전하는 유일한 인물은 아니다. 바울의 메시지가 지닌 두드러진 강조점이 사도행전 내의 패턴과 구조로 흡수되는 과정에서 일부 손실되었다.

여기에서 반드시 제기되어야만 하는 질문은 다음과 같은 형식을 띠는 게 가장 좋을 것 같다: "바울이 없었더라도 기독교가 이방 세계에 널리 전파될 수 있었을까?" 기독교 학교에서 성장한 사람이라면 누구나, 바울이 없었을 경우 기독교가 작은 유대교 종파에 머물렀을 것이라고 생각할 가능성이 높다고 나는 생각한다. 바울 자신도 그렇게 생각했을 가능성이 아주 높다. 현대의 많은 책들도 그를 영광스러운 모습으로 그리는 데 일조한다. 그러나 실제로는 어떠했는가? 대답은 이러하다. 바울이 없었어도 기독교는 이방 세계에서 상당한 성공을 거두었을 것이다. 더구나, 기독교가 성공적으로 전파될 때 바울의 활동은 실제로 성공적인 포교를 위한 좋은 자산이었다기 보다는 사안을 훨씬 복잡하게 만드는 요소였을 것이다.

기록을 살펴보자. 사도행전에 의하면 스데반이 자신의 행동과 정확히 일치하는 신학이 담긴 설교를 한다. 그는 이방인들에게 직접 가서 성공적인 선교를 시작했다(행 6-7장). 이방인 고넬료는 바울보다 훨씬 전에, 바울의 신학과 아무 관련 없이 개종했다. 안디옥 교회는 이방인 신자로 가득 찼으며 바울이 소명을 받기 전에 이미 오랜 기간 성장하고 있었다. 아볼로처럼 사도행전과 바울서신 모두에서 언급되는 이방인들, 또는 이방인 가운데 성공적으로 사역한 이들이 있었다. 더구나 바울은 초기 기독교 운동의 중심지 가운데 일부 지역에서만 활동했다. 다른 이가 선교하지 않은 곳에서만 일하는 것이 실제 바울이 세운 원칙이었다(롬 15:20). 로마에는 주로 이방인 신자로 구성된 번창하는 교회가 있었는데 바울이 세운 교회는 아니었다. 그는 알렉산드리아—우리는 이 지역에 대해 잘 모르지만 이미 기독교가 번영하고 있었던 것 같다—처럼 이미 복음이 전파된 지역에는 가지 않았다. 동쪽 지역의 교회들이나 아람어를 말하는 지역의 교회들에도 가지 않았다. 바울 자신의 편지를 보면, 바울의 사상을 따르지 않는 다른 선교사들에게 고린도인들이 열광적인 반응을 보였다는 것을 알 수 있다. 바울이 "유대인으로 만듦"(judaizing)—이방인들에게 할례를 받으라고 하고 음식 규율을 지켜야 한다고 주장하는 것—이라고 명명한 움직임은 기독교 전파에 장애물이 되기보다는 오히려 유대적인 것을 흠모했던 이방인들을 끌어 당기는 매력적인 것이었다. 헬레니즘 시대의 세계는 이집트와 시리아 등에서 유입된 강렬하고도 매혹적인 의식, 제의, 예전적 절차들로 잠식되었다. 갈라디아서에서 볼 수 있듯이, 구약의 제사법 같은 것들도 (이방인 선교에) 부담을 주었다기보다는 도움을 주었다. 바울의 편지에는 초기 기독교 공동체가 율법을 무거운 짐으로 간주하며 무시해버리지 않고, 레위기의 내용을 최대한 받아들이려고 열심을 내었다는 증거가 있다.

신약성경 안의 모든 문서는 이방인 신자들을 포함한 공동체를 향해 저술되었다. 나는 심지어 신약의 모든 문서가 이방인 신자가 주된 구성원이었던 공동체를 향해 작성된 것이라고 주장하고 싶다. 마태복음과 히브리서까지도 말이다. 사실 복음서를 포함한 신약성경 전체가 전적으로 이방인으로 구성된 공동체, 혹은 이방인 신자의 수가 지배적인 공동체들의 산물이며, 이 공동체들의 대부분은 바울의 선교와 그의 독특한 가르침에 영향을 받지 않은 예수운동의 유대적 뿌리로부터 발전된 것이었다. 따라서 복음의 메시지는 매우 잘 받아들여졌다. 그렇다면 왜 바울이 등장해서 사안을 복잡하게 만들었는가?

바울의 견해는 분명히 독특한 것이었다. 그러나 전체적으로 볼 때, 그의 주장이 별로 유용하다고 느껴지거나 좋게 들리지 않았기 때문에 그를 따르는 사람은 많지 않았다. 종종 다음과 같은 말을 들을 때가 있다: '바울을 끝까지 따랐던 사람은 단 한 명만 있었는데, 그는 바로 바울을 오해한 마르키온(Marcion)이었다.' 이러한 주장은 과장된 것으로, 전혀 사실이 아니다. 하지만 마르키온이 "율법과 복음의 대조"라는 요소를 제대로 부여잡고 그것을 바울신학(그리고 기독교 신학)을 체계화하는 원리로 만들어서, 바울의 고유한 독특성을 제국주의적이고 파괴적인 지점까지 밀고 나갔다고 말할 수는 있을 것이다.

바울의 다른 추종자들은 바울의 통찰들을 당대에 생겨나던 다른 기류의 기독교 신앙과 체험에 억지로 동화시키면서 그의 고유한 독특성을 약화시켰다. 우리는 이러한 현상을 사도행전과 목회서신, 그리고 좀 더 미묘하게는 에베소서와 골로새서, 그리고 아마도 바울서신 모음집이 만들어졌던 바로 그 과정—이 바울서신 모음집에서 에베소서가 도입문의 역할을 한 것 같다—에서 바울을 "범기독교적으로 만드는"(catholicizing, 일반화시키는) 모습으로 확인할 수 있다.

이방인과 유대인의 관계, 율법과 약속, 칭의와 진노에 관한 바울의 생각들은 이런 이유들로 초대 교회 전체에 별다른 영향을 미치지 못하게 되었다. 그는 다소 이해하기 어려운 문제적 인물이었다. 베드로후서는 이를 다음과 같이 부드럽게 표현했다: "우리 바울 형제님은 이해하기 좀 어려운 사람이다"(벧후 3:15

이하). 바울은 존경을 받았지만 관심의 영역 밖으로 밀려난 인물이었다. 그는 사역자들 중에서 보편적이라기보다는 독특한 지적인 인물이었다. 그러나 바울은 이제 메시아가 오셨으므로 율법의 문제, 그리고 이방인과 유대인 사이에 놓인 장벽의 문제를 자기가 직접적으로 다뤄야 한다고 (약간은 거만하게) 생각했다. 원시 기독교와 율법의 관계에 대한 문제를 피하거나, 그냥 지나치거나, 아니면 "영적"인 열정을 가지고 극복할 수도 있었겠지만, 바울은 분리의 장벽 앞에 앉아 골똘히 생각했다. 그는 신학자이자 지성인이었고, 1세대 교회 전체를 통틀어 유대인과 이방인 사이에 놓인 분리의 벽에 대해 고민했던 (아마도) 유일한 인물이었다. 아, 가여운 바울! 어쨌든 그는 신약의 저자들 중에서 유일하게 목회학 석사(M.Div.)나 그에 준하는 학위를 가진 사람으로 간주될 수 있다. (마태복음서 저자도 어느 정도 학문적 소양이 있었다고 할 수 있다.) 자기 견해를 절대 타협하지 않았던 바울은 그보다 먼저 일을 시작한 다른 사역자들 때문에 어려움을 겪었다. 그는 독특하게 뛰어난 사람이었다.

우리는 바울의 선구자적인 신학적 작업이 어떻게 아우구스티누스에게, 서구 세계 전반에, 그리고 종교개혁에 완전히 새로운 방식으로 중요한 영향을 끼치게 되었는지 살펴보았다. 그 중요성이란 인간의 소망과 성취의 본질에 대한 강력한 분석이자 널리 적용할 수 있는 모형이 되었다는 것인데, 이는 바울의 글에서 끌어낸 내용을 새로운 상황에 적용시킨 데서 나온 것이다. 나는 이러한 변형과 재해석을 비판했지만 이제는 그렇게 하고 싶지 않다. 왜냐하면 성경을 기반으로 존재하는 교회의 지속적이며 유기적인 역사 속에서 해석과 재해석은 언제나 있었고 지금도 계속되며 미래에도 있을 것이기 때문이다. 마치 두 개의 언어를 구사하는 사람의 사고 과정처럼, 본문 이해란 고대 배경 안에서 원어로 이해하는 것으로 봐야한다는 내 주장이 맞다면, 늘 새로운 번역이 나와야 한다는 결론에 이르게 된다. 이 책에서 내가 주장한 바는 이러하다. 본문을 해석할 때, 후대의 해석들을 재해석하지 말고 원문 자체(the original)를 해석해야 한다는 말이다. 실제 기독교 역사에서는 원문 자체를 가지고 씨름하는 것이 아니라 유력한 해석에 대한 연쇄적 반응과 논쟁들만 있었다. 아우구스티누스의 바울 해석은 펠라기우스와의 논쟁을 통해 성장하며 완성되었고, 중세신학자들은 특정 주제만을 파고들면서 다른 주제에 관심을 두지 않았으며, 이런 과정이 계속되면서 원문과는 거리가 먼 반박과 논박이 끊임없이 생겨났다. 더 오래된 본문들과 아우구스티누스의 고백록을 연구하며 얻은 지식을 바탕으로 우리는 이제 원문을 새로운 시각으로 보아야 한다. 물론 여러 **번역본**들을 해석하는 게 아니라 **원문** 자체를 번역하면서 말이다. 나는 **원문** 연구의 중요성을 강조하려고 지금까지 노력했다. 원문으로 돌아가는 것이야말로 종교개혁의 진정한 후예가 되는 길이다.

"원문"(original)은 어떤 범주에도 속하지 않는 두드러진 고유성을 지녔다. 원문의 유일무이한 고유함을 받아들이기 위해서는 균일성을 추구하는 엄청난 힘에 저항할 수 있는 성경관을 가져야 한다. 이러한 힘은 기독교의 여러 메시지들과 다양한 교리들을 일치된 하나의 메시지와 교리로 만들려는 의지를 바탕으로 하고 있기에 막강하다. 그러나 "일치"는 부적절한 방법으로만 얻을 수 있는 것이며, 큰 대가를 치러야 얻을 수 있다.

복음서들 사이의 부조화를 없앤 단 하나의 조화로운 복음서를 만들려는 시도(약 170년 경 타티아누스가 만든 디아테사론[Diatessa-ron])와 유혹을 분쇄하고 네 개의 복음서(셈어로는 *Evangelion da-me-phareshe*, 즉 "분리된 복음"이라고 한다)가 있어야 할 당위성을 분명히 했던 교회 역사를 기억해야 한다. 교회는 이러한 "일치"로의 유혹을 견뎌내었다. 조화를 억지로 추구하는 변증적 시도가 메시지의 고유함을 삼켜버리도록 내버려 둔다면, 계시의 풍성함은 보존될 수 없다. 이러한 유비(analogy)는 우리로 하여금 바울의 온전한 고유함을 다시 파악하도록 독려한다.

이러한 관찰에서 더 나아가, 바울의 여러 통찰과 관점들이 그로 하여금 다른 이들의 사고와 신앙 행습 속에 있는 위험을 어떻게 예리하게 볼 수 있게 해주었는가를 논의하고 싶은 마음이 생긴다. 특히 요한복음에 나와있는 신학과 신앙 행습을 바울의 관점과 비교하면 이런 점이 아마 더 잘 보일 것이다. 예를 들어 고린도전서 15장에 있는 부활에 대한 바울의 가르침이 그리스도의 부활을 부인하는 사람들에 대한 비판이 아니라 "부활이 이미 일어났다"고 주장하는 사람들을 겨냥한 것이라는 점은 쉽게 알 수 있다(딤후 2:18과 순교자 유스티누스가 저술한 『트리포와의 대화』 80장을 참고하라). 바울은 위대하고 영광스러운, 모든 사람의 부활이 일어나기 전에 발생해야 하는 일들이 아주 많다는 사실을 강조한다. 이 점에서 그의 사고는 그리스도인들이 피조세계와 더불어 여전히 신음하며 해방을 고대하고 있다는 사실에 대한 그의 강조와 일관성있게 연결된다. 바울의 사고에서 믿음은 무엇인가를 이미 얻은 것이 아니라 여전히 소망하는 것이다(롬 8:24-25). 이러한 바울의 사고 패턴과 신앙 행습은 십자가의 약함에 대한 그의 이해의 일부분을 차지한다. 이에 근거해서 바울은 승리와 성취를 강조하는 것을 늘 의구심의 눈빛으로 바라보았고 "이김"에 대한 과장된 언설들을 경계했다. 바울에게는 소망과 믿음조차도 사랑에 비하면 부차적인 것이었다. 사랑을 통해 그리스도인은 부분적이고 흐리게 보이는 환상, 예언, 지식을 지니고 그리스도와 공존한다(고전 13:11-13).

아마도 바울의 타고난 우월감과 그의 굳은 확신은 자신의 사고 방식이 지닌 한계와 약점들을 직시하고 느낄 수 있게 해주었을 것이다. 그래서 바울은 성취주의와 신격화를 끊임없이 비판하는 사람이 되었다. 인간이 피조물임을 망각하는 것과 메시아 시대가 이미 도래했다는 주장(그러한 소망과 믿음을 갖는 것은 괜찮지만, 분명히 말하자면 메시아 시대는 아직 오직 않았다)이 잘못이라고 바울이 깨닫게 된 이유는 아마도 그의 유대적 유산에서 찾을 수 있을 것이다. 그는 믿음을 지나치게 강조하는 것을 지속적으로 비판했다. 그렇기 때문에 하나님의 시간표와 "아직은 아님"(not yet)이라는 측면이 바울에게 매우 중요했다.

요한복음의 신학에는 바울이 보인 주저함 같은 것이 전혀 없다. 요한복음에서 마르다는 자신의 형제가 마지막 날에 살아날 것이라는 기대를 가졌는데 예수는 그러한 기대를 반박한다. "나를 믿는 이는 죽더라도 살 것이며, 살아서 나를 믿는 자는 죽지 않을 것이다"(요 11:25 이하). 나사로가 살아난 사건은 예수의 이 말씀이 실현된 것이며 상징화된 것이다(참고, 요 5:24, "내 말을 듣는 자는 이미 죽음에서 생명으로 옮겨갔다"). 요한복음서의 수난 이야기는 매우 일관되게 예수의 십자가 처형을 승리라고 묘사한다. 예수는 십자가에서 처형당한 것이 아니다. 그는 들어 올려지셨다. 예수는 영광을 받으셨다. 그가 물을 달라고 요청한 것은 목이 말랐기 때문이 아니다. 성경의 말씀이 성취되어야 함을 아셨기 때문이다. 요한복음의 예수는 마태복음과 마가복음에 들어있는 "나의 하나님, 나의 하나님, 왜 나를 버리셨습니까?"(마 27:46; 막 15:34)라는 처절한 비명을 지르시지 않았다. 요한복음에서 예수는 승리를 거둔 것으로 묘사된다. "다 이루어졌다!(요 19:30)"

요한복음이 "앎"을 강조하기에 학자들은 이를 (소문자 g를 써서) 영지주의적(gnostic: 커다란 신학적 체계로서의 영지주의[Gnosticism]가 강조하는 영지[Gnosis]가 아니라, "지식"을 강조한다는 측면에서 소문자 g를 써서 gnostic이라고 표현했다—역주)이라고 정확하게 분류했다. 바울은 바로 이러한 언어와 사고가 지닌 위험성을 간파했다. 간단히 말해 우리는 이로부터 신약성경 안의 풍성한 다양성을 만나게 된다. 물론 요한복음이 "앎/지식"을 강조하는 데서 발생하는 최악의 부정적 결과를 경계하며 그로부터 거리를 두고 스스로를 보호했다는 것도 우리는 볼 수 있다. 후대에 이루어진 편집 작업이 이러한 자기 보호를 심화했다는 사실을 알아두는 것도 좋다. 바울의 편지들에서도 이와 비슷한 모습을 볼 수 있다. 예를 들어 목회서신(바울이 쓴 편지가 아니다)은 바울 고유의 독특성을 억눌렀다. 다양성이 주는 풍성함을 발견하고 그것을 누리는 것이 이런 관찰로부터 우리가 배워야 할 점이다.

그렇다면 교회, 그리스도인, 설교자, 그리고 성경을 읽는 개개인은 어떻게 다양성이 주는 풍성함과 함께하는 삶을 살 수 있을까? 먼저, 우리의 방어 본능을 극복해야 한다. 우리가 하나님이나 성경을 방어할 필요는 없다. 성경을 하나로 묶어주는 것처럼 보이는 주제, 교훈, 개념들을 찾고 즐거워 할 수 있겠지만, 그런 작업이 실제로 성경을 하나로 묶는 통일성을 부여한다고 생각하지는 말아야 한다. 성경의 통일성은 다양한 형태로 말하고 생각하는 것이 유일하신 주님의 진정한 증언자가 되는 길이라는 것을 깨달은 교회의 체험에 근거를 두고 있다.

둘째, 우리는 그리스도인이 다양한 방식과 다양한 신학적 용어로 말하고, 생각하고, 기도하고, 설교할 수 있다는 사실을 충분히 깨달아야 한다. 그러한 방식과 용어는 마태복음적인 것일 수도 있고, 누가복음, 바울서신, 또는 요한복음에 기반한 것일 수도 있다. 또한 이 다양한 신학적 용어들이 위대한 장점을 가지고 있지만 **동시에** 위험 요소도 가지고 있다는 사실을 알아야 한다.

셋째, 우리는 다음과 같은 간명한 진리에 더욱 민감해져야 한다. "성경적" 신학이나 심지어 "신약성경적" 신학이 보편성을 띤 단 한가지의 신학적 용어로만 존재하는 게 아니라는 사실 말이다. 복음의 메시지가 지닌 간결함, 고결함, 그리고 힘은 성경에 담긴 각기 다른 신학들의 고유성을 통해서만 우리에게 전달될 수 있다. 바울의 의도는 종종 그가 다른 이와 견해를 달리 할 때나 다른 이들의 이해가 신자를 신앙의 왜곡과 해로운 견해로 이끈다고 판단할 경우에 선명하게 보인다.

넷째, 우리는 바울이 다루는 이슈들이 우리의 상황과 우리의 문제에 적용될 수 있는지 진지하게 물어야 한다. 이 질문에 대한 답은 때때로 "아니다"가 될 수 있다. 우리의 문제가 바울이 씨름했던 문제들과 다를 수도 있다고 생각하는 게 합리적이기 때문이다. 바울은 각기 다른 문제를 가지고 있는 교회들에게 각각 다르게 말한 것 같다. 그가 고린도인, 갈라디아인, 그리고 데살로니가인에게 대답했던 식으로 우리에게도 말할 것이라고 생각해선 안 된다. 성취와 승리에 초점을 맞추는 이들에 대한 바울의 경고가 후대에 병적인 자기 채찍질과 자위적인 패배주의의 자양분이 되었던 것과 비슷한 상황에 우리가 놓여 있는 것일수도 있다. 이럴 때 **우리에게 필요한 것**은 요한복음의 강력하고 에너지 넘치는 신학일 수도 있다.

따라서 성경의 보편적인 총체성 안에 존재하는 고유한 독특성은 성경 본문이 다루는 상황과 우리의 상황이 유사한지 아닌지 면밀하게 분석하도록 이끈다. 마르틴 루터는 이런 문제에 민감했다. 누군가 루터에게 성경을 인용하며 말할 때 루터는 이렇게 이야기했을 것이다: "맞습니다. 그게 하나님의 말씀입니다. 그러나 그 하나님의 말씀이 나에게 하신 말씀이라고 생각하지 않습니다." 예수는 이렇게 말했다: "우리를 반대하지 않는 사람들은 우리를 위하는 사람들이다"; "우리를 위하지 않는 이는 우리를 반대하는 사람이다." 그러나 이러한 대답들이 같은 사람에게 동시에 주어져서는 안 된다. 이것들은 서로 다른 질문에 대해 각각 다르게 주어진 답변이다.

이 장들(본서 첫 번째 논고인 '유대인과 이방인 사이에 있는 바울'을 지칭—편주)은 사도 바울에 대한 존경과 더불어 그에게 점점 더 매료

된 상태에서 저술된 것이다. 바울의 관점과 사고, 그리고 그가 파악한 것과 그의 민감함은 내게 너무나 소중한 것이 되었다. 그의 고유한 독특성을 알면 알수록 나는 그의 한계점을 더욱 깊이 인지하게 되었다. 한계성과 고유성은 쌍둥이다. 바울의 한계와 우월 의식을 내가 직시할 때도, 그리고 꿰뚫는 듯한 그의 통찰들이 노예제도나 여성 이슈를 제대로 다루지 못하는 것을 내가 보았을 때도, 그의 위대함은 퇴색하지 않고 오히려 더욱 실제적인 것이 되었다. 그는 흠결을 가졌지만 여전히 위대한 신학자로 남아 있다. 나는 바울의 편지들이 신약성경 안에 포함되어 있다는 사실로 인해 기쁘다. 바울은 복음과 복음이 낳는 결과들을 선포하려 노력했던 신약성서의 저자들 중 독특한 고유성을 가진 한 사람일 뿐이다. 신약성경의 일부 다른 저자들은 지적인 측면에서 바울보다 뒤쳐지지만, 성령과 상식으로 보완된 사람들이었으며, 엘리트주의로 빠질 가능성이 적었다. 켈수스(Celsus)가 기독교를 학구적 기준에 미치지 못한다고 비판했을 때 오리겐(Origen)은 다음과 같이 응수했다: "우리는 평범한 사람들의 입맛에 맞춘다."

바울이 직접 쓴 편지들은 이방인인 우리가 예수 그리스도 안에서 정정당당하게 하나님의 자녀가 될 수 있는 발판을 마련해 준 유대인 바울, 우리의 옹호자로 부르심을 받은 바울을 보여주기 때문에, 그 모든 독특성을 잃지 않은 채 기독교 공동체에게 필수불가결한 것이 되었다. 그의 글은 특이하고 암묵적인 방법으로 자아와 자신의 감정에 몰두하는 우리에게 질문을 던진다. 용서보다는 칭의에 관한 글이기 때문이다. 그리고 종교를 가진 사람들의 삶 가운데 존재하는 연약함의 역할에 관한 바울의 깊은 통찰은 모든 그리스도인에게 여전히 필수불가결한 것으로 남아있다.

그러므로 바울 특유의 선교를 폭넓고 다양했던 예수운동의 일부분으로 파악하지 않으면 그의 사역과 사고를 제대로 이해할 수 없다는 말로 이 연구를 마무리짓는 게 좋을 것 같다. 바울은 믿음에 대한 그의 독특한 논증을 통해 이방인인 우리의 권리와 지위를 정당화시켜준 하나님의 부르심을 받은 유대인이었다. 그는 자신의 약점이 가져다 준 혼란을 창조적으로 받아들였고, 다른 이들을 자기와 같은 생각을 하도록 설득하는 능력에 대해 한계를 느끼며 사랑하는 법을 배우려고 노력했다.

우리는 바울이 자신을 단지 여러 사람 중 한 명일 뿐이고, 특유하며, 다른 사람의 도움 없이는 보편적일 수 없는 존재라는 사실을 기꺼이 인정했을 거라고 추측할 수 있다. 그는 신약성경의 여러 저자들 중 한 명으로 잘 자리잡고 있다. 바로 이러한 측면에서만 우리는 그의 대체불가능한 고유한 독특성을 이해할 수 있다.

사도 바울과 서구의 성찰적 양심*

80세 생일을 맞은 헨리 캐드베리(Henry J. Cadbury, 1883-1974)에게 헌정하며

기독교가 지대한 영향을 미친 서구 문화의 역사에서 바울은 자기 내면을 성찰하고 고뇌하는(이러한 내적 고뇌를 이 글에서는 "성찰적 양심"으로 부르겠다) 대표적 인물로 칭송받아왔다. 그는 "내가 원하는 선을 나는 행하지 않고, 내가 행하고 싶지 않은 악을 나는 행하는"(롬 7:19) 문제를 붙잡고 씨름했던 사람으로 알려졌다. 이 딜레마의 해결책에 대한 바울의 통찰은 요즘 들어 융이 개성화 과정(Individuation Process)이라고 부른 것과 동일한 것으로 여겨졌다.[1] 그렇지만 이는 단지 바울서신을 인간의 내면에 관한 문서

---

*   이 글은 1961년 9월 3일에 미국 심리학회(the American Psychological Association) 연례 학회 초청 연설로 강연한 원고이다. 이는 원래 스웨덴 학술지 *Svensk Exegetisk Årsbok* 25 (1960), 62-77에 게재된 "Paulus och Samvetet"를 개정하고 각주를 첨가한 것이다. 이후 영어로 작성한 원고가 *Harvard Theological Review* 56 (1963), 199-215에 게재되었으며, 그 학술지의 승인하에 여기 실리게 되었다.

로 읽는 서구의 전통적 이해를 현대적으로 살짝 변경한 것에 불
과하다.

25년 전인 1937년에 헨리 캐드베리(Henry J. Cadbury)는 "예수

---

1.   나는 이 글로 독자들에게 부담을 줄까봐 조금 망설여진다. 내가 논지
     에 자신이 없어서 망설이는 것이 아니다. 나는 이 글에 담긴 주장이
     정말 중요하다고 생각한다. 그러나 독자는 이 책 앞부분에 수록된 소
     논문들에서 개진된 주장 몇 가지가 이 글에서 반복되고 있음을 알게
     될 것이다. 다른 한편으로, 이 글은 이 책 『유대인과 이방인 사이에 있
     는 바울』의 주요 논지를 최초로 주장한 논문이기도하다. 이 글은 바울
     이 편지를 쓴 지 1900년이 지난 후에야 바울에 대한 지식을 갱신하려
     는 시도의 요약이자 더 간결한 설명으로서 의의를 가질 수 있다. 나는
     논지의 반복에 대해 사과하면서, 자주 쓰이는 참된 격언에 호소하고
     싶다. "반복은 배움의 어머니이다." 튀빙엔 대학교의 Ernst Käsemann
     교수는 이 글을 혹독하게 비판했다. 나는 이에 답할 수 있는 기회를
     가지게 되어 기쁘다(본서 248-54쪽을 보라).

     D. Cox, *Jung and St. Paul: A Study of the Doctrine of Justification by
     Faith and Its Relation to the Concept of Individuation* (1959). O. H. Mower
     의 아티클 "'Sin,' the Lesser of Two Evils"에서 촉발된 *The American
     Psychologist* (1960), 301-304, 713-716의 토론에도 주의를 기울여야
     한다. 또한 "The Role of the Concept of Sin in Psychotherapy," *Journal
     of Counseling Psychology* 7 (1960), 185-201에 실린 W. H. Clark, O. H.
     Mowrer, A. Ellis , Ch. Curran 그리고 E. J. Shoben, Jr.의 토론을 참조하
     라. 정신분석학적인 관점에서 역사 자료를 다루려는 매우 통찰력있고
     신중한 시도에 대해서는 Erik H. Erikson, *Young Man Luther* (1958)를
     보라. 루터에 관한 자료의 풍부함뿐만 아니라 그러한 자료의 "서구적"
     본질은, Erikson의 표현대로 "성서적 심리학의 황혼기"(94쪽)에 있는
     바울에게 루터에 관한 자료를 적용할 때보다, 위에 언급한 것과 같은
     시도를 더 잘 이해하게 도와준다.

를 현대화하는 것의 위험성"(The Peril of Modernizing Jesus)이라는 흥미로운 연구물을 썼다. 책의 제목 자체가 20세기 성서학이 산출한 가장 중요한 통찰 중 하나를 잘 요약했다. 캐드베리의 책은 신학과 성서주해의 영역을 훨씬 뛰어넘는 광범위한 영향력을 지녔다. 시대가 변해도 인간은 근본적 차원에서(basically) 변하지 않는다는 암묵적 전제에 의문을 제기한 책이다. "근본적 차원에서(basically)"라는 단어가 지닌 모호함 때문에 이 암묵적 전제를 자세한 설명없이 맞다고 하거나 틀리다고 하는 것은 별 의미가 없다. 역사가와 신학자, 심리학자와 평범한 성서독자 모두에게 이러한 현대의 가설이 그들의 사고와 고대 문헌 해석에 어떤 영향을 끼치는지 잘 평가해 보라고 조언하고 싶다.

이 문제는 사도 바울의 글과 그의 삶에서 내면 성찰(introspection)이 어떻게 드러났는지 그리고 내면 성찰은 어떤 기능을 했는지 파악하려고 노력할 때 더 첨예해진다. 바로 이 지점에서 서구의 해석자들이 대부분의 인간과 바울의 경험 사이의 공통분모를 발견하기 때문에 문제가 더욱 첨예해진다. "이신칭의"에 대한 바울의 가르침이 자신에게 엄격한 인간이 내면의 성찰을 수행할 때 직면하는 딜레마에 대한 답으로 널리 인정받았기 때문이다. 특히 개신교에서—하지만, 바로 이 지점에서는 아우구스티누스와 중세시대의 경건에 뿌리를 둔—죄에 대한 바울적 인식은 자신의 내면과 투쟁했던 루터의 빛 아래 해석되었다. 그

러나 정확히 이 점에서 우리는 루터와 바울 사이, 16세기와 1세
기 사이, 그리고 아마도 동방과 서방 기독교 사이의 가장 극명
한 차이를 본다.

바울의 글 자체를 참신한 시각으로 읽으면 그가 "강건
한"(robust) 양심을 가진 인물임을 알 수 있다.[2] 빌립보서 3장에서
바울이 소명 받기 전의 자신의 삶에 대해 자세히 말할 때 율법
준수에 어려움을 겪었다는 표현이나 암시가 전혀 없다. 정반대
로 그는 율법이 요구하는 의에 대해 "흠이 없었다"고 말한다(6
절). 예수 그리스도와의 만남(사도행전 9:1-9에 기술된 다메섹에서 일어
난 사건) 이후에도 마찬가지였다. 다메섹 사건은 바울의 고통스
러워 하는 양심이 회복되는 사건이 아니었다. 바울이 뒤의 일들
을 이젠 잊어버렸다고 말할 때(빌 3:13), 그의 율법 준수가 미흡했

---

2. 보통 "양심"으로 번역되는 그리스어 *syneidesis*의 정확한 의미는 복
    잡한 언어학적 문제이기도 하다. C. A. Pierce, *Conscience in the New
    Testament* (1955)를 보라. 본 강연에서 다루고 있는 더 일반적인 문제
    는 P. Althaus가 *Paulus und Luther über den Menschen* (1951)에서 관
    심을 기울이는 문제에 더 가깝다. *Theologische Blätter* 17 (1938), 306
    -311에 있는 F. Büchsel의 비판을 참조하라. B. Reicke, *The Disobedient
    Spirits and Christian Baptism* (1946), 174-182는 베드로전서 3:21의
    *syneidesis*를 "충성(loyalty)"으로 번역한다. 동일 저자의 "Syneidesis
    in Röm 2:15," *Theologische Zeitschrift* 12 (1956), 157-161를 참조하라.
    또한 C. Spicq, *Revue Biblique* 47 (1938), 50-80과 J. Dupont, *Studia
    Hellenistica* 5 (1948), 119-153을 보라.

던 것을 생각하는 것이 아니다. 의로운 유대인으로서 그의 영광
스러운, 하지만 이제는 메시아 예수에 대한 그의 믿음에 비추어
"쓰레기"로서 간주하게 된 이전의 성취들에 대해 말하고 있다.

율법 전체를 지키기는 불가능하다는 것이 로마서 2:17부터
3:20(2:1 이하 참조)에 있는 바울의 논증의 결정적인 요점이다. 또
한 갈라디아서 3:12-13에서도 율법을 통으로 준수하는 것이 불
가능하다는 견해가 그리스도 안에서 유대인과 이방인 모두에게
열려진 구원에 대한 바울의 논증의 배경을 형성한다. 이와 같은
바울의 말들은 많은 해석자로 하여금 유대인의 율법관과 구원
관을 바울이 오해했거나 의도적으로 왜곡했다고 비난하는 근거
가 되었다.[3] 하지만 율법은 유대인들에게 메마른 완벽주의를 요
구하지 않았다. 율법은 용서와 회개를 포함하고 있으며, 하나님
의 은혜를 기반으로 한 언약 관계를 전제한다. 따라서 이스라엘
이 완벽한 율법 준수를 성취할 수 없었기 때문에 바울이 율법을
거부했다는 설명은 틀린 것이다. "율법의 요구들로 고통받는 양
심"이라는 후대의 서구적 문제 의식에 큰 영향을 받은 바울에
대한 비판자들은, 율법 성취의 불가능에 대한 바울의 진술들이

---

3. 특히 G. F. Moor, *Judaism*, vol. III (1930), 151을 보라. H. J. Schoeps는
Paul (1961), 213-218에서 M. Buber를 비롯한 다른 학자들의 연구가 지
닌 현대 구약해석의 시대착오적 측면에 동일한 비판을 가한다. 하지
만 M. Buber, *Two Types of Faith* (1951), 46-50를 참조하라.

좀 전에 언급된 바울의 말("율법의 의에 관한 한 내게는 흠이 없었다", 빌 3:6)과 나란히 존재한다는 사실을 종종 잊는다. 바울은 유대인으로서 받은 교육과 완전히 부합된 그의 주관적인 양심에 대해 말하는 것 같이 보이지만, 로마서 2-3장에서 바울은 전혀 다른 것을 다루고 있다. 각각의 유대인 개인이 아닌, 민족으로서의 이스라엘이 실제로 율법을 범하고 있다는 사실은 할례나 율법을 자랑스레 소유하고 있음에도 불구하고 그들이 이방인보다 낮지 않다는 것을 보여준다. 유대인의 "이로움"(advantage)은 그들이 하나님의 말씀을 맡았다는 것인데, 이러한 이로움은 그들이 불순종하더라도 폐지될 수 없다(롬 3:1 이하). 하지만 그 외에는 구원에 관해 유대인이 특별한 이로움을 가지고 있지 않다. 율법은 아무런 도움을 줄 수 없다. 유대인은 이방인만큼, 아니 그보다도 더한 죄인으로서 하나님 앞에 서 있다(롬 2:9). 바울은 이러한 주장들을 그리스도 안에서 유대인과 이방인 모두에게 차별 없이 새로운 구원의 길이 열렸다는 사실을 바탕으로 말할 수 있었다. 왜냐하면 새로운 구원의 길이 유대인과 이방인을 구별하는 율법에 근거한 것이 아니기 때문이다. 바울은 현 상황에서는 옛 언약이 비록 용서와 은혜를 제공함에도 불구하고 더는 유효한 길이 아니라고 말한다. 이제는 오직 '메타노이아'(metanoia, 회개, 회심)와 오직 은혜만이 메시아 예수 안에서 마련된 길이다. 이러한 면들을 제대로 보면, 율법 완수의 불가능함을 언급하는 것처럼 보이는 바울의 말들이 사실 유대인과 이방인 사이의 관계에 관해 신학적이며 성서적으로 논증한 것의 일부임을 알 수 있다. 바울이 쓴 편지들에는 그가 바리새인이었을 때 "율법준수의 문제로 양심의 고통을 경험했다"는 언급이 없다. 또한 바울이 유대인들에게 괴로움에 시달리는 양심의 문제에 대한 해결책을 그리스도 안에서 찾으라고 촉구하지 않았다는 것도 주목할 만하다.

바리새인으로서의 바울에게서 양심의 고통 문제를 찾기 어렵다는 사실이 중요하다면, 기독교인으로서의 바울이 "죄들(sins)"이라고 부르곤 했던 개인적인 결함들 때문에 양심의 고통을 겪었다는 증거가 없다는 사실은 더 중요하다. 우리는 아래에서 이 점을 살펴볼 것이다. 기독교인이 처한 상황을 묘사한 유명한 문구인 "의인인 동시에 죄인(*simul justus et peccator*)"이라는 측면은 어느 정도 바울의 저작들에 근거했다고 볼 수도 있겠지만, 이 문구가 개인적 죄들에 대한 바울 사상의 핵심이라는 주장은 입증할 수 없다. 그러한 문구가 전제하는 "성찰적 양심"을 바울이 가지지 않았다는 것은 분명하다.[4] 이는 구원을 가리키는 다

---

4.   루터의 신학에서 이 정형 문구(formula)의 원래 의미, 그리고 이 문구와 바울서신과의 관련성에 관한 통찰력 있는 분석은 다음 연구를 보라. W. Joest, "Paulus und das lutherische Simul Justus et Peccator," *Kerygma und Dogma* I (1956), 270-321. 또한 R. Bring의 "Die paulinische Begründung der lutherischen Theologie," *Luthertum*

양한 표현 중에 "용서"라는 단어가 바울서신에서 거의 사용되
지 않은 이유 중 하나일 것이다.[5]

바울에 관한 이러한 관찰을 "바울계 기독교"의 위대한 영웅
인 마르틴 루터와 비교하면 사안을 이해하는 데 큰 도움이 된
다. 우리는 중세 시대 후기의 경건 및 신학의 문제를 루터 안에
서 발견한다. 루터의 내적 갈등은 고해성사와 면벌부가 잘 발전
된 교회 제도를 전제하고 이해해야 한다. 그 유명한 95개 논제
가 고해성사의 틀 안에서 해석된 죄 용서의 문제를 출발점으로
삼고 있다는 사실이 중요하다. "우리의 주님이자 주인이신 예수
그리스도께서 '회개하라'(*penitentiam agite*)고 말씀하실 때, 그리스

---

17 (1955), 18-43과 *Commentary on Galatians* (1961), 그리고 H.
Pohlmamn, "Hat Luther Paulus entdeckt?" *Studien der Luther-Akademie
N. F. 7* (1949)을 보라. 루터의 양심의 역할에 대한 통찰력 있는 견해는
A. Siirala, *Gottes Gebot bei Martin Luther* (1956), 282 이하를 보라.

5. 바울이 쓴 편지(신약학자들은 다음 일곱 개 서신만 바울이 쓴 것으
로 간주한다. 로마서, 고린도전서, 고린도후서, 갈라디아서, 데살로니
가전서, 빌레몬서, 빌립보서—역주)에는 용서라는 단어가 나오지 않
는다. (바울의 저작이 아닌) 에베소서 1:7과 골로새서 1:14은 거의 같
은 문장인데 그 구절에는 "용서"라는 단어가 사용되었다. 로마서 4:7
의 구약 인용을 참고하라. 로마서 4:7은 '칭의'를 강조하는 문맥 안에
있다. 로마서 3:25에서의 "보아 넘김"(remission)도 유사한 의미를 지
닌 단어이다. 내가 쓴 다음의 글들을 참고하라. "Sünde und Schuld"
와 "Sündenvergebung," *Die Religion in Geschichte und Gegenwart*, vol. 6
(1962), 484-489, 511-513. 널리 사용된 단어인 "죄책"(guilt)이 나오지
않는 문제에 대한 논의도 함께 보라.

도께서는 신실한 자의 삶 전체가 회개이길 원하셨다."

유럽 선교의 시대가 끝났을 때 고해성사의 신학적, 실천적 중심이 단 한 번만 시행되는 세례(침례)에서 계속 반복되는 미사(예배)로 이전했다. 그리스도인의 삶에 일어난 이 미묘한 변화는 예민한 자기 성찰을 더욱 강화했다.[6] 아일랜드 수사들과 선교사들이 사용한 자기 점검 지침서들은 서방 기독교에서 널리 사용되며 소중한 유산이 되었다. 흑사병은 신앙과 삶의 풍조를 발전시키는 데 중요한 영향을 끼친 것 같다. 자기를 깊이 검열하는 행습은 이제껏 볼 수 없었던 정도로 강도가 세졌다. 이러한 신앙 행습을 진지하게 받아들인 사람들은 강한 압박감을 느꼈다. 이렇게 큰 압박감에 시달린 사람은 굉장히 많았다. 루터는 자기 자신이 커다란 압박감에 시달렸던 사람으로서, 압박감에 눌린 이들을 위한 위대한 선구자적 임무를 수행했다. 자기 점검을 통해 큰 부담감을 느낀 사람들은 "우리가 어떻게 은혜로우신 하나님을 찾을 수 있을까?"라고 질문했고, "율법의 행위들 없이도 그리스도 안에서 믿음으로 의롭다고 여겨진다"는 바울의 가르침이 그들의 질문에 대해 답하는 것으로 보였다. 이신칭의에 관한 바울의 글은 양심의 고통으로부터 해방과 구원을 선사하는

---

6. 이러한 변화와 그것이 기독론에 끼친 영향에 관해서는 G. H. Williams 의 다음 연구를 보라. "The Sacramental Presuppositions of Anselm's Cur deus homo," *Church History* 26 (1957), 245-274.

해답처럼 보였다. 영성 지도자들이 건네 준 지혜롭고 건전한 위로를 단호하게 거부하며, 지옥문 앞에 서 있을 때조차도 거침 없었을 루터의 정직함(특히 그의 "노예의지론"[De servo arbitrio]을 참고하라)은 그를 기독교계의 크리스토퍼 콜럼버스(Christopher Columbus) 로 만들었다. 루터는 깊은 수렁으로 여겨졌던 곳에서 아름다운 신대륙을 발견한 사람이 되었다.

루터는 진정한 의미에서 아우구스티누스회에 속한 수도사 였다. 아우구스티누스가 성찰적 양심이라는 딜레마에 대해 말 한 최초의 인물이라 할 수 있기 때문이다. 교회의 역사를 볼 때, 초기 350년 간의 교회의 사고 형성 과정에서 바울신학의 영향 이 상대적으로 미미했다는 사실은 늘 우리를 당혹스럽게 한다. 그 시기에도 바울은 분명 존경을 받았고, 그의 글도 인용되었지 만, 서구의 신학적 관점에서 볼 때 교회 역사 초기 350년 간 이 신칭의에 대한 바울의 위대한 통찰은 거의 잊혀졌던 것으로 보 인다.[7] 하지만 아우구스티누스의 도움으로 현대 서구인은 바울

---

7.   교회 역사 초기의 바울 해석에 관해서는 다음의 연구를 참고하라.
      K. Staab, *Pauluskommentare aus der griechienchen Kirche* (1933); V. K
      Hasler, *Gesetz und Evangelium in der alten Kirche bis Origenes* (1953);
      E. Aleith, *Paulusverständnis in der alten Kirche* (1937); P. G. Verweijs,
      Evangelium und Gesetz in der ältesten Christenheit bis auf Marcion (1960).
      또한 U. Wickert, "Die Persönlichkeit des Paulus des Paulus in den
      Pauluskommentaren Theodors von Mopsuestia," *Zeitschrift für die*

사고의 심층부에서 우리에게 도움을 주는 바울 해석을 발견한
다. 이런 차이가 생긴 결정적인 이유는, 아우구스티누스 시대
전까지 교회가 바울서신에서 바울이 실제 당면하고 대처했던
주요 이슈들을 제대로 보았기 때문이다. 바울이 실제로 다룬 이
슈들은 다음과 같다. 1) 메시아의 도래가 율법(율법주의가 아니라 실
제 모세 율법인 토라)에 어떤 영향을 주었는가?[8] 2) 메시아의 도래
가 유대인과 이방인 사이의 관계에 어떤 영향을 미쳤는가? 바
울의 율법관은 율법이 그의 성찰적 양심에 어떤 영향을 끼쳤는
지를 숙고한 결과물이 아니다.[9] 그의 율법관은 하나님의 계획
안에서 그리고 교회 안에서 이방인 신자의 위치와 신분에 관한

---

neutestamentliche Wissenschaft 53 (1962), 51-66. 바울과 양심을 영지
주의와 비교한 연구는 F. F. Sagnard, *Clément d'Alexandrie, Extraits de
Théodote* (1948), 247-249와 *Journal of Theological Studies* 7 (1956), 310
이하에 실린 R. M. Grant의 관찰을 보라.

8. 바울과 연관된 이 문제의 유대적 배경에 관해서는 다음의 연구를 보
라. W. D. Davies, *Torah in the Messianic Age and/or the Age to Come*
(1952). 또한 위에서 언급한 H. J. Schoeps의 저작, 174쪽에 있는 탈무
드 전통의 소논문인 산헤드린 98에 대한 논의를 보라.

9. 바울서신에 나타나는 대조가 유대인과 이방인, 또는 유대인 신자와
이방인 신자 사이의 대조라는 점을 보는 것이 중요하다. 절대 이방
인 신자와 유대인 사이의 대조가 아니다. G. Bornkamm, "Gesetze und
Natur: Röm 2:14-16," *Studien zu Antike und Urchristentum* (1959), 93-
118을 보라. 참고. J. N. Sevenster, *Paul and Seneca* (1961), 96. [롬 11:11-
36을 근거로 나는 지금 Bornkamm의 견해에 의문을 제기한다.]

문제와 씨름한 끝에 다다르게 된 결과물이다. 또한 바울의 독특한 율법 해석은 유대인과 이방인, 유대인 신자와 이방인 신자의 사이의 관계에 대한 문제를 다루면서 얻게 된 결과물이다.[10] 이러한 관찰은 바울 자신은 물론 사도행전이 다메섹 도상의 사건을 "회심/개종"이 아니라 이방인을 위한 사도로 부르신 소명으로 묘사하는 것과 잘 부합한다. 이는 구약의 선지자들과 마찬가지로 하나님께서 어머니의 태중에서부터 부여하신 임무였다 (갈 1:15; 참조, 행 9:15).[11] 우리의 선입견과는 달리 회심/개종(conversion) 사건이 먼저 일어나고 그 후에 사도직의 소명을 받은 게 아니었다. 이방인 가운데서 사역하도록 부르신 소명 이야기만 있을 뿐이다. 그러므로 "하나님의 계획의 관점에서 볼 때 교회 안의 이방인 신자의 지위를 어떻게 규정해야 하는가"라는 문제의

---

10. 이신칭의에 대한 바울의 가르침이 그의 신학 전체에서 볼 때 매우 제한된 기능을 했으므로 바울의 사고 전체의 중심으로 간주하면 안 된다는 점을 A. Schweitzer는 제대로 보았다: "그러므로 이신칭의 교리는 부수적인 분화구(crater)다…" *The Mysticism of Paul the Apostle* (1931), 225. [바울신학의 "중심 분화구"(main crater)가 무엇인가에 대해서는 Schweitzer와 나는 견해를 달리한다.]

11. J. Munck, *Paul and the Salvation of Mankind* (1959), 1장. 또한 H. G. Wood, "The Conversion of St. Paul. Its Nature, Antecedents and Consequences," *New Testament Studies* 1 (1954/55). 276-282과 U. Wilckens, "Die Bekehrung des Paulus als religionsgeschichtliches Problem," *Zeitschrift für Theologie und Kirche* 56 (1959), 273-293을 보라.

식이 바울의 신학적 사고의 중핵 중 하나였다고 보는 게 자연스
럽다. 로마서 9-11장은 로마서 1-8장에 덧붙여진 부록이 아니라
로마서 전체의 절정 부분이다.

하지만 교회 구성원 대부분이 이방인 신자로 채워지기 시작
한 1세기 말 이후에는 이러한 이방인 신자와 유대인 신자의 관
계의 문제가 더는 급박한 이슈로 인식되지 않았다. 아우구스티
누스에 이르러서야 율법과 칭의에 관한 바울의 사상이 시대를
막론하고 모든 인간이 겪는 근본적 문제를 다루는 데 체계적이
고 광범위하게 적용되었다. 지나친 일반화라고 할 수 있겠지만,
아우구스티누스를 종종 "(성찰적 자아로 갈등한) 최초의 근대인"이
라고 부르는 것이 어느 정도 맞는 말이기도 하다. 그의 『고백
록』은 성찰적 양심을 최초로 기록한 위대한 작품이다. 아우구스
티누스 전통은 중세 시대에 들어서 아우구스티누스회 수도사인
마르틴 루터의 바울 해석과 루터 자신의 내적 갈등 안에서 절정
에 이르렀다.[12]

---

12. 아우구스티누스적 해석에 관해서는 다음의 연구를 보라. A. F. W.
Lekkerkerker, *Römer 7 und Römer 9 bei Augustin* (1942). 참조. Ph. Platz,
"Der Römerbrief in der Gnadenlehre Augustins," *Cassidacum* 5 (1938).
또한 J. Stelzenberger, *Conscientia bei Augustin* (1959)과 "Conscientia
in der ost-westlichen Spannung der patristischen Theologie," *Tübinger
Theologische Quartalschrift* 141 (1961), 174-205. 고대 그리스적 배
경에 관해서는 다음의 연구를 보라. O. Seel, "Zur Vorgeschichte des

옛부터 현재까지 동방교회의 설교를 피상적이나마 살펴보면, 그들의 설교 전통이 송영, 명상적 신비주의, 혹은 훈계, 이 세 가지에서 벗어나지 않는다는 사실에 놀라게 된다. 동방교회는 서방교회가 씨름해온 "시달리는 양심"의 문제를 다루고 있지 않다.

아래에서 따로 분리해 다룰 이 문제를 일단 다음과 같이 표현할 수 있겠다. 믿음과 행위, 율법과 복음, 유대인과 이방인에 관한 바울의 말을 중세 후기의 경건이라는 틀 안에서 볼 때, 종교개혁자들의 바울 해석이 유비적 논증에 근거하고 있음을 알 수 있다. 할례나 음식 규율과 같은 구체적 행위로서의 모세 율법 준수가 인간 스스로의 행위와 공로로 구원을 얻는 "율법주의"로 해석되었다. 또한, 이방인이 메시아 공동체의 일원이 될 수 있는가에 대한 바울의 고찰이 "근원적 곤경에 빠진 인간이 어떻게 구원에 대한 확신을 가질 수 있는가"라는 질문에 대한 답변으로 이해되었다.

Gewissensbegriffes im altgriechischen Denken," *Festschrift F. Dornseiff* (1953), 291-319. 성경 자료를 우리와 다르게 해석하지만, 여러 측면에서 우리의 견해를 단단하게 해주는 포괄적이고 배울 점이 많은 개요로는 H. Jaeger, "L'examen de conscience dans les religions non-chrétiennes et avant le christianisme," *Numen* 6 (1959), 175-233을 보라.

12a. *Svensk Exegetisk Årsbok* 18-49 (1953-54), 161-173에 게재된 나의 갈라디아서 3:24 연구를 참조하라.

사안을 이해하는 틀이 이렇게 바뀌면서 해석에도 여러 변화가 일어났다. 예를 들어 루터가 "율법의 두 번째 용도"라고 부른, 그리스도께로 인도하는 개인 교사 혹은 학교 선생으로서의 율법의 기능에 대한 해석을 보자. 이 문제를 제대로 다루기 위해서는 갈라디아서 3:24을 살펴봐야 한다. 흠정역(King James Version)은 (거의 무의식적으로) 서방 전통과 일치하는 방식으로 이 구절을 다음과 같이 번역했다: "그러므로 율법은 우리를 그리스도께로 인도하는 학교 선생(schoolmaster, RV와 ASV는 tutor로 번역)이었습니다." 그러나 개정표준역(RSV)은 더 적절하게 번역했다: "그래서 율법은 그리스도께서 오실 때까지 우리의 보호관리자(custodian)였습니다."[12a] 이방인이 할례받지 않고도 그리스도인이 될 수 있다는 점을 논증하기 위해 바울은 아브라함에게 주신 하나님의 약속 이후 430년이 지나서야 율법이 주어졌으며, 율법은 메시아의 시대가 오기 전까지만 효력을 가지고 있다고 한다(갈 3:15-22). 그러므로 율법의 기능은 메시아의 도래 전까지 유대인을 위한 보호관리인으로 봉사하는 것이다. 메시아가 오셨고, 그분에 대한 바로 그 믿음(일반적인 종교적 태도로서의 믿음이 아니라)이 구원의 결정적 토대로 주어졌으므로, 유대인을 위한 보호관리인으로서, 또는 튼튼한 자물쇠로 잠겨진 대기실(waiting room)로서의 율법은 그 임무를 끝낸 것이다(갈 3:22 이하). 그러므로 메시아 시대에 아브라함에게 주어진 약속의 성취에 참여하게 된

이방인 신자에게 율법을 준수하라고 할 이유가 없음을 설명해
내는 것이 바울이 씨름한 문제였음이 분명하다(29절 이하).

반면 서방교회의 해석은 문제를 매우 다른 시각으로 보았
다. 이러한 상황에 대해 우리는 바울의 논증이 그의 원래 의도
와 정반대의 의미로 뒤집혀졌다고 말할 수 있을 것이다. 서방교
회의 해석에서 율법은 그리스도에게 인도하는 교사다. 누구든
지 자기 의가 율법에 의해 파괴되지 않으면 그리스도에 대한 진
정한 믿음에 도달할 수 없다. "율법의 두 번째 용도"가 지닌 기
능은 사람으로 하여금 구세주가 절실하게 필요하다는 사실을
깨닫게 하는 것이다. 바울의 관심사인 유대인과 이방인 사이의
문제가 이러한 해석 안에서 어떻게 사라지게 되었는지 볼 수 있
다. 이런 해석은 "우리의 교사/보호관리자"라는 표현에서 "우
리"가 지칭하는 대상이 "나 바울과 내 동족 유대인"이 아니라
인류 전체를 지칭하는 것이라고 이해한다. 더구나 이 해석에서
율법은 메시아에 대한 믿음으로 인해 낡아버린, 할례 등을 요구
하는 모세 율법이 아니다. 율법은 하나님께서 바라시는 삶의 모
습을 구현하는 도덕 명령이다. 마지막으로, 이방인이 율법(즉 할
례를 비롯한 여러 규율)이라는 길을 통해 그리스도께로 나아가서는
절대 안된다는 바울의 논증이, 모든 사람이 의로움을 얻기 위해
서는 절대 충족시킬 수 없는 율법의 요구 및 율법으로 인해 가
책을 느끼게 된 양심을 가지고 그리스도께 나가야만 한다는 선

언으로 바뀌었다. 원래 이슈인 "유대인과 이방인"의 문제가 사라지면서 재해석은 전혀 다른 해석이 되었고, 서구의 양심의 가책 문제가 원래 이슈를 대체하는 당연하고 자명한 주제가 되었다.

결과적으로, 바로 이 지점에서 바울과 루터 사이의 근본적 차이가 실제 본문을 해석하는 데 중대한 영향을 끼쳤다. 그리고 루터적 해석이 자명한 것으로 보이게 되었다. 종교개혁에서 유래한 신앙고백을 교리적으로 받아들인 사람뿐만 아니라, 서구의 불가지론자들과, 학부에서 "명저"에 대한 수업을 듣는 일반 학생에게도 루터의 해석이 자명한 것으로 받아들여진다. 엄밀한 신약 연구에서도 마찬가지다. 그래서 루돌프 불트만(Rudolf Bultmann)은 초기 기독교의 종교사학파적 이해에 매우 친숙했음에도 불구하고, "자랑"의 문제를 바울 사고의 핵심이라고 보았다.[13] 즉, 불트만은 양심에 처절한 가책을 받아야 할 필요를 바울 신학의 중핵이라고 보았다.[14] 불트만이 보기에, 이러한 사안에 대한 바울의 자기 이해(self-understanding)는 실존론적이었고 따라서 바울신학의 변함없는 핵심이었다. 불트만은 바울의 본래 생

---

13. R. Bultmann, *Theology of the New Testament*, vol. 1 (1951), 242 이하.

14. C. H. Dodd는 이런 해석에 문제가 있다고 생각하면서도 바울이 사역 후반기에 자기 자랑을 극복했다고 주장한다. "The Mind of Paul," *New Testament Studies* (1953), 67-128.

각을 종교개혁자들보다 훨씬 더 과격하게 해석했고, 모든 사람에게 적용될 수 있게 일반화시켜 해석했다. 그러나 그의 해석이 오랜 루터파 해석 전통의 연장선상에서 있다는 사실을 주목할 필요가 있다. 불트만이 솔직하게 공개적으로 언급했듯이 그의 실존주의적인 해석학은 다음의 두 전제에 기초를 두고 있다. 인간은 시대와 상관없이 본질적으로 똑같다. 인간의 자의식이 시대에 무관하게 본질적으로 같다는 사실은 신약성경과 인간의 역사에 있는 공통 분모이다. 이 전제는 선험적인(*a priori*) 진리인 것처럼 천명되었다.[15]

하지만 명징하게 천명된 불트만의 해석학적 원리는 역사가(역사비평적 신약학자—역주)의 작업을 미묘하게 왜곡한다. 즉, 역사가가 "증명 없이도 맞는 것으로 받아들인 전제"(presuppositions)를 설명하지 않고 서구의 전통적 해석틀을 당연한 것으로 받아들인 채 연구를 한다. 유대 종말론을 포괄적으로 연구한 글에서 폴츠(P. Volz)는 개인 구원에 관한 인간의 지식을 "괴로워하는 양심"과 연관시켜면서, 신약성서의 유대적 배경을 재구성하는 요소 중 하나로 사용한다.[16] 그러나 초기 유대교에서 성찰적 양심

---

15. R. Bultmann, *Theology of the New Testament*, vol. 2 (1955), 251. Bultmann의 다음 연구도 참조하라. "The Problem of Hermeneutics," *Essays Philosophical and Theological* (1955), 234-261.

16. Volz, *Die Eschatologie der judischen Gemeinde im neutestamentlichen Zeitalter* (1934), 111 이하.

의 중요성을 보여 주는 증거를 대라고 하면, 폴츠는 방대한 랍비 문헌 전체에서 겨우 한 구절만 찾을 수 있을 것이다(bBer. 28b).[17]

물론 바울이 사용한 신학적 용어 중에 "죄"(hamartia)가 매우 중요한 단어(특히 로마서에서)임을 부정하는 사람은 없다. 로마서 1장부터 3장은 유대인과 이방인 모두 죄를 지었고 하나님의 영광에 이르지 못했음을 보여준다(3:19; 참조, 23절). 로마서 3:21-8:39은 메시아의 도래로 인간의 이 비극적 상황이 어떻게, 그리고 어떤 의미에서 바뀌게 되었는가를 보여준다.

바울이 그의 삶 속에서 어떻게 죄의 힘을 주관적으로 경험했는지, 그리고 실제 저질러지는 죄들에 대해 그가 어떻게 느꼈는지 그리고 어떻게 생각했는지 확신 있게 말하기는 더욱 어렵다. 그러나 한 가지만은 분명하다. 대문자 S로 표현된 죄(Sin)는 과거에 바울이 하나님의 교회를 핍박했던 것을 가리킨다. 유대

---

17. 대단히 편향된 언어로 이 견해를 반복하는 F. Büchsel마저도 어떻게 그러한 견해에 대한 증거 부족을 시인했는가를 보라. 바리새인은 "그의 죄성을 제대로 보지 못하게 만든 선행에 대한 오만한 확신과 하나님의 진노에 대한 두려움 사이를 오가는 경향이 있었다. 하지만 후자는 (랍비 문헌에) 거의 표현되지 않았다." *Theological Dictionary of the New Testament* (Ed. G. Kittel), vol. 3 (1965), 935. 자주 인용되는 에스라4서 3-4장과 7-8장의 예들은 개인적인 양심이 아니라 주로 역사 속의 신정론을 다루고 있다.

인의 신앙에 대한 그의 헌신적 순종(갈 1:13; 빌 3:6)은 사도로 임명
되기에 가장 부적절했던 그의 수치스러운 행동에서 절정을 이
루었다(고전 15:9). 사도행전 저자가 극적으로 자세히 묘사한 이
주제(행 9장, 22장, 26장)는 바울 자신이 쓴 편지에 바탕을 두고 있
다. 이와 유사하게 디모데전서(스텐달은 디모데전서가 바울이 쓴 편지
는 아니라고 본다—역주)는 바울이 "그리스도 예수께서 죄인들을 구
원하러 이 세상에 오셨는데, 내가 죄인 중에 첫째다(딤전 1:15)"라
고 말한 것으로 묘사하는데, 이는 그가 현재까지도 죄를 뉘우치
고 있다는 의미가 아니다. 이는 하나님께서 자비와 은혜로 바울
에게 진정한 메시아를 계시하시어 그를 사도로 삼으시고 죄인
구원의 원형으로 삼으시기 전에, 바울이 그의 무지 가운데 하나
님을 모독했고 폭력적인 박해자로 활동했던 것을 가리킨다(딤전
1:12-16).[18]

고린도전서 15:10을 보면 바울은 교회를 핍박한 끔찍한 죄
가 청산되었다는 사실을 알고 있다. "하나님의 은혜는 나에게
헛되지 않았습니다. 정반대로, 나는 그들 모두보다도 열심히 일
했습니다. 그러나 그것은 내가 아니라 나와 함께 있는 하나님의
은혜가 한 것입니다."

그러므로 사도로서의 소명도 "우리가 아직 죄인이었을 때

---

18. 이 주제는 **모든** 사도를 "모든 죄보다 더 사악하다"고 말하는 바나바
     서신 5:9(막 2:17을 언급한다)에서 더 자세히 묘사된다.

에 그리스도께서 불경한 이들을 위해 돌아가셨다"는 문장과 유사한 형태를 가진다(롬 5:6-11). 우리는 이 문장이 "큰 사안에서 작은 사안으로"(*e majore ad minus*)라는 논증 형식의 조건절에 불과하다는 것에 주목한다. 즉, 하나님께서 그토록 선하시고 강력한 분이셔서 약하고 죄짓고 반역적인 인간을 의롭다 여기실 수 있다면, 하나님께서 이미 의롭다 하신 이들에게 적절한 때에 궁극적 구원을 선사하시는 건 얼마나 더 쉽겠는가! 따라서, 약하고 죄짓고 반역하는 인간에 대한 언급은 인간의 현재 상태를 가리키는 것이 아니라 과거를 가리킨다. 이 과거는 바울이 예전에 예수 그리스도와 교회를 향해 적의를 지녔던 것이 사라진 것처럼 은혜롭게 지워졌다.

　　그러면 회심 후 바울의 죄의식은 어떻게 되었나? 사람이 세례를 받은 후 죄로부터 자유롭게 된다는 견해는 그의 편지에 나오지 않는다. 바울의 목회적 권면은 그리스도인의 죄와 연약함에 대해서 그가 큰 인내심을 보여 주었음을 나타낸다(즉, 신자가 죄를 지을 수 있음을 바울이 충분히 인정했다는 말이다—역주). 하지만 바울이 자신의 양심을 괴롭게 만드는 죄를 의식하고 있었음을 나타내는 구절이 있는가? 그와 반대되는 구절들을 찾는 것이 실제 훨씬 쉽다. 사도행전 23:1은 "형제들이여, 나는 이날까지 온전히 선한 양심을 따라 하나님을 위해 생활해 왔습니다"(참조, 24:16)라고 말하는 바울의 모습을 전하는데, 바울은 그의 서신 전반에서도 이러한 태도를 견지했다. 바울서신의 주요 부분이 그의 사도 권에 대한 변증(글의 형식의 측면에서 보면 이러한 변증은 아우구스티누스 의 『고백록』과 정반대다)을 담고 있다는 사실을 보더라도, 바울이 스 스로를 죄인으로 인식했다는 구체적 언급은 놀라울 정도로 찾 기 어렵다. 물론 바울이 자신의 "육신"과 고투를 하고 있다고 하 지만(고전 9:27), 우리는 바울의 말에서 양심의 가책으로 괴로워 하는 사람이 아니라 자신감에 찬 사람의 어조를 본다.

바울은 로마서 9:1과 고린도후서 1:12에서 자신의 선한 양심 에 대해서 말한다. 이러한 어조는 고린도후서 5:10-11에서 최고 조에 달한다: "사실 우리 모두는 그리스도의 심판대 앞에 나타 나야 합니다. 이는 각 사람이 몸을 통해 행한 선한 일이나 악한 일에 따라 (보응을) 받기 위함입니다. 주님이 두려운 분임을 우리 가 알기 때문에 우리는 사람들을 설득하려 합니다. 그러나 하나 님께는 (우리의 됨됨이가) 분명하게 드러났습니다. 여러분의 양심 에도 분명하게 드러나기를 희망합니다." 여기에서 바울은 심판 의 날을 눈 앞에 생생하게 그리는 가운데, 주님께서 자신을 인 정하셨다고 말하며, 고린도인들 역시 그에 대해서, 그리고 그가 하나님을 기쁘시게 한 것(고후 5:9)에 대해서 마찬가지로 긍정적 인 인상을 가질 거라고 희망한다. 이렇게 거리낌 없는 양심은 아직 임하지 않은 최후의 심판 때문에 흔들리기는 커녕 오히려 더 강인해진다. 자신과 아볼로, 그리고 다른 선생들 사이의 긴

장에 관해 바울은 "나는 내 양심에 거리낌이 없다"고 말한다(고
전 4:4, NEB, 직역하면 "나는 어떤 [잘못한] 것도 모른다", 여기에서 사용된 동
사는 양심이란 단어와 동일한 어근을 가진다). 물론 바울은 이러한 고백
이 만사를 해결하는 건 아니라고 말을 보탠다. "주님께서 내 재
판관"이시기 때문이다. 그러나 문맥을 보면 바울이 (자신에게 호의
적일) 최종 판결에 대해 조금도 의심하지 않고 있음은 분명하다.
섣불리 판단하지 말라는 바울의 경고는 겸손이나 두려움에서
나온 호소가 아니라, 그에 대해 성급하게 부정적 판단을 하지
말라고 고린도인들에게 전하는 호소이다.

결국 바울이 자신을 정말 죄인이라고 한 언급은 없다. 자신
의 양심에 대해 언급할 때 그는 사람과 하나님 앞에서 자신이
선한 양심을 가졌다고 당당히 말한다. 한편, 바울이 자기의 연
약함에 대해 종종 말할 때가 있다. 고린도후서 11장 12절 이하에
서는 역설적 의미로 말하지만, 고린도후서 12장에서 그는 자랑
스레 겸손한 말을 한다: "그러나 주님께서 내게 말씀하셨습니
다. '네게는 내 은혜로 충분하다. 내 능력은 약함에서 완전해진
다.' 그러므로 그리스도의 능력이 내게 머무르게 하기 위하여
나는 더욱 기쁘게 내 약점들을 자랑할 것입니다. 따라서 나는
그리스도를 위하여 약함과 모욕과 핍절과 박해와 곤란을 겪는
것을 기뻐합니다. 내가 약할 때마다 그 때에, 오히려 내가 강하
기 때문입니다(9-10절)." 여기에서 바울이 말하는 약함은 분명 그

의 죄나 양심과는 아무 관련이 없다. "육체의 가시"(7절)는 아마도 그의 사역 수행과 사도적 권위 주장에 지장을 준 신체적 질고를 말하는 것 같은데(갈 4:13; 참조, 고전 11:30), 몇몇 사람은 간질일 것이라 추측한다. 질병은 영적 은사를 충분히 받지 못했다는 표시로 받아들여졌다. 하지만 바울이 "약함"을 자신이 책임져야 할 죄로 생각했다는 근거는 어느 곳에도 없다. 약함은 "궁극의 원수"(the Enemy)나 적대 세력들(enemies)에 의해 생겨난 것이다. 약함은 "약함 가운데 십자가 처형을 당하신"(고후 13:4; 참조, 4:10; 골 1:24) 그리스도의 사역에 바울이 자신을 동일시한 중요한 측면이었다. 위에서 언급한 로마서 5장의 구절에 "약한"이라는 단어가 "죄인"과 동의어로 사용된 유일한 예가 있지만, 거기에도 이 단어들은 주로 칭의의 효력이 이미 발생한 것으로 묘사하는 데 도움을 준다. 이러한 점은 "원수(10절)"라는 단어가 "약함"의 세 번째 동의어이고 바울이 그리스도의 원수였던 과거를 가리키는 것을 보면 더 분명해진다.

하지만 어떤 독자는 이 글 초반에 인류의 곤경에 대한 바울의 깊은 통찰을 보여주는 증거 본문으로 인용한 구절을 왜 다루지 않는가 의아해 할 것이다: "나는 내가 바라는 선을 행하지 않고 내가 원하지 않는 악을 행한다(롬 7:19)." 깊이 성찰하는 예민한 양심에 대해 이보다 더 직접적인 언급이 있을까? 여기에서 바울이 그리스도를 만나기 전의 경험을 말하는 것인지, 아니면 그리스도인으로 살면서 본인이 느낀 경험을 말하는 것인지, 아니면 보편적 인간의 경험을 말하는 것인지에 대해 많은 토론이 이어졌지만, 정작 바울이 이 구절에서 율법에 대한 논증을 하고 있다는 사실에 주목한 학자는 거의 없었다. 그는 인간의 보편적 곤경이나 본인의 분열된 자아에 주된 관심을 보이지 않았다.[19] 로마서 7장이 '디아트리베'(diatribe, 가상의 상대와 질문과 대답을 통해 논쟁하는 수사학적 기술로, 종종 가상의 논적의 어리석음을 폭로하며 논지를 명확히 하는 교육 효과를 지녔다—역주)라는 형식으로 작성되었다는 사실에 주목하면 바울의 말을 이해하는 데 도움을 얻는다. 7-12절에서 바울은 "율법이 죄인가?"라는 수사의문문에 가까운 질문에 답을 제시하고 있다. 답은 이렇다. "그러므로 율법은 거룩하고, 의롭고, 선하다." 이 대답은 또 다른 수사의문문으로 이어진다. "그렇다면 이 선한 것(율법)이 나에게 죽음을 가져다 주었다는 말인가?" 이 질문에 대한 답은 25절 하반절에 등장한다. "그러므로 나 자신은 내 마음에서는 하나님의 율법을 섬기지만, 내 육신으로는 죄의 율법을 섬긴다"(즉, 좋은 약이라도 어떤 환자에게는 치명적인 것이 될 수 있는 것처럼 "죄로 인해 약하게 된"[롬 8:3] 율법이 죽음으

---

19. 심리학적 해석들로 인한 혼동과 롬 7장의 중심이 율법에 있다는 관찰은 새로운 시대를 연 연구인 W. G. Kümmel, *Römer 7 und die Bekehrung des Paulus* (1926)에 잘 나와있다. C. L. Mitton, *Expository Times* 65 (1953/54), 78-81, 99-103, 132-135와 E. Ellwein, *Kerygma und Dogma* 1 (1955), 247-268를 참조.

로 인도한다).

로마서 7장의 구조에 대한 분석은 바울이 여기에서 율법의 해석, 즉 율법의 거룩성과 선함을 변호하고 있음을 보여 준다. 13-25절에서는 율법 자체와 죄라는 존재(the Sin, 저자는 정관사와 대문자 S를 사용하여 실재하는 존재와 세력으로서의 죄를 말하고 있다—역주), 그리고 육신을 구별해 가면서 율법에 대한 옹호를 이어간다. 그는 율법이 아니라 죄라는 존재/힘(the Sin)이 인간에게 치명적 결과를 가져다 준 원인이라고 말한다. 여기에서 "나"(the ego)를 단순히 죄나 육신과 같은 것으로 간주하면 안 된다. "내가 바라는 선을 내가 행하지 않고, 내가 바라지 않는 악을 행한다"는 말이 "오호라, 나는 곤고한 자로다!"라는 탄식과 직접적으로 연결되지는 않는다. 그와 반대로 "이제 만일 내가 원하지 않는 것을 행한다면 그것은 내가 아니라 내 안에 거주하는 죄가 행하는 것이다"라는 문장과 연결된다. 처절한 뉘우침에 대한 논증이 아니라 자아 자체에는 책임이 없음을 논증하는 것이다. 모든 인류가 직면한 곤경을 기술하는 것이 바울의 의도라면 이러한 사고의 흐름을 설명할 수 없다. 물론, 로마서 1-3장에서 인류 모두가 곤경에 처해있다는 주장이 개진되고, 어떠한 변명도 할 수 없음을 이야기한다. 하지만 로마서 7장은 어떻게 "내 속 사람이 하나님의 율법에 기쁘게 동의한다"(22절), 혹은 "나는 하나님의 율법을 섬긴다"(25절)고 말할 수 있는가라는 이슈를 다룬다. 로마서 7장

의 인간학적 언급이 율법의 거룩함과 선함에 대한 구체적 논증
의 도구라고 보면 이 모든 것이 다 이해가 된다. 모든 사람이 자
신이 해야 할 것과 실제 행동 사이의 차이를 알고 있다는 평범
한 사실에 기초해, 바울은 선한 율법과 악한 죄를 구별하는 것
이 가능하다고 말한다. 이러한 구분을 통해 바울은 죄와 육신을
정죄하면서, 율법을 하나님께서 주신 좋은 선물이라고 말할 수
있었다: "이제 내가 바라지 않는 것을 행한다면, 나는 율법이 선
하다는 사실에 대해 [시인하고] 율법에 동의한다"(16절). 결국 바
울이 말하는 것은 이게 전부이다. 하지만 이 주장은 증명을 필
요로 한다.

불행인지 다행인지 모르겠으나, 바울이 이 논증을 썩 잘한
탓에 자신과 자신의 동시대인에게는 상식적이었던 것이 후대의
해석자들에게는 인간의 본질과 죄의 본성을 꿰뚫어 보는 최고
의 통찰로 인식되었다. 하나님의 율법의 본질과 의도에 관해 바
울이 씨름했던 문제가 더는 중요하지 않게 되었을 때 이러한 현
상이 쉽게 일어날 수 있다. 율법에 대한 질문이 우연치 않게 바
울의 인간론의 핵심 진리를 이루는 틀이 되었다. 바로 이것이
서구의 성찰적 양심에 대한 질문을 가지고 바울을 이해하려 할
때 생기는 일이다. 서구의 해석은 인간의 의지가 타락의 중심이
라고 여겨질 때 최고조에 이르게 되었다. 하지만 로마서 7장에
서 바울은 의지에 대해 이렇게 말했다: "(선을 행하려는) 의지는 있

으나 …"(18절).

심지어 로마서 7장에 대한 본문비평에도 우리가 "서구의 해석"이라고 부른 해석 전통이 영향을 미쳤다. 모팻(Moffat)은 그의 신약성서 번역본에서 율법에 관한 논증 전체의 클라이맥스인 25절 하반절을 "나는 곤고한 자로다(24절)"라는 문장 앞에 두었다. 사본학적으로 전혀 근거 없는[20] 이러한 재배열은 24절의 탄식을 로마서 7장 전체의 극적인 절정으로 만들면서 결과적으로 바울이 여기에서 인간 실존의 커다란 문제에 대해 답하고 있다는 인상을 독자에게 준다. 그러나 이렇게 구절을 재배치하면 바울이 전개한 논증의 구조가 파괴된다. 주제에서 벗어난 문장이 주제문으로 부상하게 된다. 하나님의 거룩한 율법조차 도움이 안되는(사실 율법은 죽음으로 인도한다) 세상 속에서 인간이 처한 위태로운 상황에 대해 바울이 깊이 이해하고 있다는 것을 부인할 수는 없다. 그렇기에 그는 부르짖듯 탄식한다. 하지만 이러한 바울의 인식이 주관적 양심의 갈등과 관련있다는 증거는 없다. 괴로워하는 양심이 주요 이슈였다면 바울은 "죄의 몸"이라는 표현이 아니라 "죽음의 몸"(24절; 참조, 고전 15:56)이라고 말했을

---

20. 이와 유사하게, 심지어 신약성경의 표준 그리스어 본문(the Nestle 판)도 25절 상반절의 탄식으로 로마서 7장이 끝나고 25절 하반절에서 이미 8장의 내용이 시작되는 것처럼 편집했다. 그러나 NEB(New English Bible)은 25절 하반절을 7장을 결론 짓는 문장으로 둔다.

것이다. 로마서 7장을 지배하는 신학적 관심사와 이해는 성령 (로마서 8장의 주제 중 하나다)에 의해 긍정적 해결책이 주어졌다는 것이다. 죄라는 존재 혹은 세력(Sin)을 정죄하는 데 그토록 애쓰는 로마서 7장 본문에 "떨며 성찰하는 양심"을 투사해 읽어서는 안 된다. 7장은 율법만이 아니라 인간의 의지와 마음도 선하며 하나님 편에 서 있다고 선언한다.

우리가 인류의 역사, 특히 종교사에서 너무나 잘 알려진 사실을 증명하는 데 지나치게 많은 시간을 허비했는 지도 모르겠다. 속담이나 격언의 원래 의미가 시간이 한참 흐른 뒤에 후대의 환경에서 더 적합한 의미로 다르게 해석되는 것처럼 말이다.

하지만 여기에서 제시된 분석이 대체로 맞다면, 우리는 인류 역사에서 중요한 질문과 맞닥뜨리게 된다. 우리는 다음과 같이 과감하게 주장해야 한다. 서양인은 수세기에 걸쳐 자신들이 씨름한 문제들과 성서의 저자들이 붙잡고 씨름했던 문제들이 같은 것이라고 여기는 오류를 범했다. 그러나, 성서 기자들은 서양인들의 문제 의식을 전혀 가지고 있지 않았다.

이 점은 역사가에게 대단히 중요하다. 물론 인간이 시대와 관계 없이 늘 같다며, 이 고대인들이 무의식적으로 우리와 똑같은 문제 의식을 가졌을 것이라고 주장할 수는 있다. 그러나 역사가는 고대인들이 뭔가 말할 때 정말로 무슨 뜻으로 그렇게 말했을지 적절하게 제시하기 위해 노력해야 한다. 역사가는 변증적, 교리적, 또는 심리학적 목적을 가진 그 어떠한 "현대화" 시도에 대해서도 언제나 의구심을 가져야 한다.

신학자들은 서구의 사고에서 생겨나 루터에 이르러 신학적 절정으로, 그리고 프로이트를 통해 세속적 절정으로 다다른 종교적이고 인간적인 통찰을 명확하고 심도있게 하는 작업을 존중하며 기꺼이 받아들일 것이다. 어떤 신학자는 아마도 바울의 사고에 대한 서구의 해석과 변형이 신학적 발전을 위한 타당하며 영광스러운 과정이라고 주장할 수도 있을 것이다. 심지어 신약성서, 특히 바울서신 안에 내재한 요소들이 그러한 발전을 북돋웠다고 주장하는 신학자도 있을 것이다.

우리가 바울서신에서 발견한 "구원사"(Sacred History, "거룩한 역사")라는 틀(위에서 갈 3:24에 대한 언급을 참조하라)은 조직신학과 실천신학에 새로운 시각을 열어 준다. 바울의 '에파팍스'(ephapax, "단 한 번," 롬 6:10)는 신자 개인의 삶에서 온전히 번역될 수 없는 것으로, 오로지 삶에서 반복되는 어떤 것으로만 표현될 수 있다. 이방인에게 율법은 그리스도께로 인도하는 교사가 아니다. 오직 비유를 통해서, 그리고 이차적 의미에서만 그런 식으로 말할 수 있다. 메시아 예수에 대한 믿음이 하나님의 자녀가 되는 권리(요일 3:1)를 주는 새로운 상황 가운데 우리는 있다. 비유적으로 말하자면, 모든 인간이 그 마음 안에 "율법주의적 유대인"을 가지고 있다고 말할 수 있다. 그러나 그것은 어디까지나 유비이고, 바울서신 본문의 일차적 혹은 명시적 의미인 것처럼 슬쩍 본문이해에 유입되어서는 안 된다. 그런 일은 이방 기독교 안에 있는 기쁨과 겸손에 손상을 주는 것이다.

따라서 신학자는 바울의 편지 본문을 그러한 해석과 동일시해서는 안 된다. 신학자는 교회(그리고 서구 세계)가 바울 본문의 다른 요소들도 내적 성찰로부터 나온 문제들에 부합하는 요소들보다 더 공정하게 다룰 방법을 찾기 위해 노력해야 한다. 신학자는 끊임없이 자기 반성적으로 죄나 죄책을 의식하는 것만이 교회로 이르는 유일한 문이라는 가르침이나 설교에 대해 의구심을 가져야 한다. 사도 바울은 좋은 그리스도인이지만 저러한 인식을 거의 갖고 있지 않았던 것으로 보이기 때문이다. 우리는 성경의 원문을 제대로 이해하는 것이 어떻게 전통적으로 물려받은 전제들을 비판하는 동시에 새로운 사고를 북돋우는 기능을 하는지 안다.[21] 우리 시대를 포함한 그 어떤 시대에서도 현대적 신학 작업에서 "원문"(original)과 "번역"의 차이를 분명하게 구별하는 것 보다 더 해방적이고 창조적인 일은 없을 것이다.

---

21. 이러한 이슈들을 더 자세히 다룬 글을 보려면 내가 쓴 다음의 소론을 보라. "Biblical Theology," in *The Interpreter's Dictionary of the Bible*, vol. 1 (1962), 418-432.

심판과 자비[1]

    나는 신학자의 입장에서 '심판과 자비'라는 주제로 강연을 해달라는 요청을 받았다. '심판과 자비'라는 표현은 행동에 대한 교정 수단으로 의도된 것이 아니라, 오히려 필요성에 의해 발생했다. 즉, 지난 몇 년 동안 우리 모두는 많은 전통적 개념들—우리를 지탱해주고 때로는 당혹스럽게 하거나 성가시게 만

---

1.   이 세상에서 그리스도인의 삶에 대한 바울의 이해는 승리보다는 약함, 정복보다는 생존으로 특징지어지며, 이 이해는 우리 모두에게 중요한 결과를 가져왔다—또는 가져왔어야 했다. 60년대 후반의 격동과 70년대 초반의 냉철한 사고(thinking)는 이 사상을 미국에 있는 많은 사람들에게 전해주었다. 나에게 이러한 사고, 감정, 행동 방식은 미주리(Missouri) 주 캔자스시티(Kansas City)에서 열린 시민권과 평화 단체 집회에서 절정에 달했다. 당시 1972년 1월 15일, 마틴 루터 킹의 날(Martin Luther King, Jr. Day)에 "심판과 자비"(Judgment and Mercy)에 대해 연설해달라는 요청을 받았다. 바울의 십자가 신학 모델이 이보다 간단명료하게 마음에 와 닿았던 적은 없었다. 이 원고는 출판된 적이 없는데, 더 많은 청중/독자와 이 연설을 공유할 수 있어서 감사하게 생각한다.

들었던 친숙한 개념들—을 심도 있게 재고해야 했는데 이로써 필요성이 제기되었다. 신학자들은 **심판과 자비**와 같이 서로 반대되거나 관련 있는 단어를 나란히 놓는 것이 유용하다는 것을 발견하곤 한다. 우리의 신학적인 용어들은 잘 조직화되어 있다. 또한 신학자들은 단어를 한 쌍으로 묶어 서로 균형을 맞추며 때로는 서로를 중립적으로 만드는 데 영리한 것 같다. 최근에 학식 있는 사람들은 '변증법'(dialectic)—단어를 서로 중립적으로 만드는 미묘한 방식 중 하나이기에 위험할 수 있는 방법론—에 대해 말하는 데에 익숙해졌다. **심판과 자비**의 결합은 신학자들로 하여금 변증법이나 다른 어떤 수단을 사용하여 서로 간의 균형을 맞추게끔 하는, 쌍이 되는 단어들 중 하나다.

　　심판과 자비는 기독교 이전, 유대교 전통에 깊이 기초하고 있는 고전적인 단어 쌍 중 하나다. 심판과 자비라는 이 "두 가지 척도"는 구약성경뿐 아니라 예컨대 랍비들과 지혜자들의 사상에도 나타난다. 랍비들은 이 척도를 하나님의 두 손으로 보았다. 곧, 자비의 손은 오른손이고, 심판의 손은 왼손이라는 것이다. 심지어 랍비들은 이에 대한 대안적인 방식으로 신적 이름, 즉 '야훼'(Yahweh: 주님)와 '엘로힘'(Elohim: 하나님)을 설명하면서 신적 성품의 두 속성을 도출하려고 시도하기까지 했다. 말하자면, 저들은 '야훼'가 사용되는 곳에서는 (하나님의) 자비와 긍휼의 속성이 내포되어 있고 '엘로힘'은 단호하고 엄중하게 심판하는 신의 특징을 나타낸다고 주장했다. 반대 결론이기는 하지만 필론 (Philo)은 이와 유사한 구분을 시도했다. 필론은 구약의 그리스어 번역판을 사용하면서 야훼는 주권적인 심판 속성을 암시하는 '퀴리오스'(*kyrios*, "주")로 사용했고, 반면 '엘로힘'(*theos*, "하나님")은 신적인 은혜와 자비의 속성과 관련 지었다. 그러한 구별이 항상 일관된 것은 아니었지만, 더욱 중요했던 것은 신적 성품에 대한 기본적인 두 척도 개념이었다.

기독교 전통에서 심판과 자비는, 우리가 성경에서 읽은 역사의 거대하고 격동적인 모든 드라마를 하나님의 자비로 심판의 두려움을 극복하게끔 일종의 목회적 상담/위안으로 변형시키는 '영혼 게임'(soul game)을 진행하면서, 우리의 영적 지혜에 접붙여졌다. 이러한 개념들에 애써 몰두하고 그 압도적이고도 장엄한 말씀을 우리의 작은 영혼에 복잡하게 적용하는 방식은 본회퍼(Bonhoeffer)가 "값싼 은혜"라고 바르게 부른 것 및 마르크스(Marx)와 다른 이들이 "인민의 아편"이라고 정당하게 인지한 요소들 중 하나다.

하지만 이와 같은 것은 심판과 자비의 관계를 읽고, 듣고, 이해하는 데 있어—적어도 성경, 유대교, 기독교의 경험과 관련하여—완전히 잘못된 방법이다. 요점을 이야기함에 있어 이사야 40장에서 시작하려 한다.

"너희는 위로하여라! 나의 백성을 위로하여라!" 너희의 하나님
께서 말씀하신다. "예루살렘 주민을 격려하고, 그들에게 일러
주어라. 이제 복역 기간이 끝나고, 죄에 대한 형벌도 다 받고,
지은 죄에 비하여 갑절의 벌을 주님에게서 받았다고 외쳐라."
한 소리가 외친다. "광야에 주님께서 오실 길을 닦아라. 사막
에 우리의 하나님께서 오실 큰길을 곧게 내어라. 모든 계곡은
메우고, 산과 언덕은 깎아 내리고, 거친 길은 평탄하게 하고,
험한 곳은 평지로 만들어라. 주님의 영광이 나타날 것이니, 모
든 사람이 그것을 함께 볼 것이다. 이것은 주님께서 친히 약속
하신 것이다." 한 소리가 외친다. "너는 외쳐라." 그래서 내가
"무엇이라고 외쳐야 합니까?" 하고 물었다. "모든 육체는 풀이
요, 그의 모든 아름다움은 들의 꽃과 같을 뿐이다. 주님께서 그
위에 입김을 부시면, 풀은 마르고 꽃은 시든다. 그렇다. 이 백
성은 풀에 지나지 않는다. 풀은 마르고 꽃은 시드나, 우리 하나
님의 말씀은 영원히 서 있다." (사 40:1-8, 새번역)

여기에 심판과 자비를 이해할 수 있는 열쇠가 있다. 억눌리
고 압제되고 억압당하는 자에게 "모든 육체는 풀"이며 저들 위
에 군림하는 모든 권세자들이 사라지게 될 것이라는 것을 아는
것보다 더 위로가 되는 메시지는 없다. 위로 메시지의 내용은
"가진 자들"과 권세 잡은 자들의 몰락이며, 여기에 편안한 사람

들을 위한 위로는 거의 또는 전혀 없다. 위로는 혁명적인 선언, 구성원들의 변화, 평평하게 되는 과정, 그리고 정의에 굶주리고 목마른 사람들이 결국 만족하게 된다는 사실에 있다.

편안한 사람들을 위한 위로는 없다. 그렇다면 편안함은 이러한 구도 안에서 어디에 위치하는가? 또한 **우리** 대부분은 이러한 구도 안에서 어디에 위치하는가? 이는 **우리가 잃을 때, 우리가 빼앗길 때** 그 나라가 더 가까이 오고 하나님의 뜻이 더 밝히 드러난다는 것을 의미하지는 않는가? 이는 우리가 실제로 그렇게 잃게 될 것을 두려워해서는 안 된다는 것을 의미하지는 않는가? 위로가 필요한 사람들에게 위로가 다가올 때 하나님의 뜻이 드러나는데, 우리의 마음(선호)은 어디에 위치하고 있는가— 또는 적어도 위치해야 하는가? 기꺼이 내어주는 사람은 거의 없다. 하지만 참된 신자는 자신의 것이라고 생각하는 것들을 하나님이 거두어 가시고 원하는 자들에게 나누어 주실 때 기뻐한다.

이것이 의미하는 바를 생각해보자. 하나님의 은혜, 그리스도, 피, 십자가, 또는 성도들의 중보에 의해 최후 심판이 완화되고 조정되는 구도에서는 심판과 자비가 서로 균형을 이루지 못한다. 이것은 그렇게 되지 않는다. 자비, 구원, 해방 모두가 하나님의 심판의 일부다. 하나님의 심판은 자비가 필요한 자들에게 자비를 가져다준다. 심판은 정의에 주리고 목마른 자, 의를 빼앗기고 박탈당한 자에게 정의가 된다. 하나님의 심판은 일들을 바로잡고 공의를 세우는 활동 안에 있다. 심판(*krisis*)의 성경적 의미를 다시 되살려 활력을 갖게 하는 것이 중요하다. 정의를 세우는 일은 필연적으로 부당한 대우를 받은 자들에게는 자비를, 너무 많은 것을 가진 자들에게는 잃음을 의미한다.

신학자들이 말한 것을 우리가 알고 있듯 영어는 "가현적"(docetic) 언어다. 특이하게도 영어는 단어들을 더 영적인 것과 덜 영적인 것으로 나누어 "의"(righteousness)와 "정의"(justice)를 구분해낸다. 세상에서는 정의를 이야기하고 교회에서는 의를 이야기한다. 하지만 이러한 구분은 히브리어, 그리스어, 라틴어에서는 불가능하다. 이는 영어나 독일어 같은 언어가 가진 특징이다. (우리는 영어에서 선한 유다[Jude: 예수의 형제 유다—역주]와 악한 유다[Judas: 예수를 판 제자—역주]를 구분하기까지 한다. 원어로 성경을 읽는 사람이라면 그 이름들이 정확히 똑같다는 것을 알겠지만 말이다. 이와 비슷하게 영어로 된 구약에서는 야곱[Jacob]이라고 하면서 신약에서는 야고보[James]라고 함으로써 유대인과 그리스도인을 구분해낸다. 하지만 원어에서와 현재의 다른 많은 역본들에서 두 이름은 동일하게 나타난다.) 이 현상은 주목할 만한 가치가 있다. 이는 언어가 우리 사고 습관이나 발화 패턴에 큰 영향을 미치는 독특한 방식 중 하나다. 의(righteousness)와 정의(justice)의 경우도 마찬가지다. 오직 하나의 '유스티티아'(*justitia*, "정의" 또는 "의"로 번역됨—역주)만 있을 뿐이다.

하나님이 일들을 바로잡으시면서 먼저 된 자가 나중 되고 나중 된 자가 먼저 되는 경우가 종종 있다. 이는 영광스러운 자비—"나중"이었던 사람에게—이자 성경이 말하는 자비다. 예수는 바리새인들이 죄인임을 마음으로 확신시키는 데 많은 시간을 들이지 않으셨다. 그는 단지 세리 및 죄인임이 분명했던 이들을 받아들이셨고 이로써 하나님 나라의 구성원들은 바뀌게 되었다. 기본적인 요지는 심판과 자비가 반대되는 두 측면이 아니라 신자가 기도, 소망, 생각(reflection), 믿음 안에서 숙고해야 하는 **한 가지** 것이라는 말이다. 그러면 질문이 생긴다: '심판은 누구에게 자비가 되고, 누구에게 부정적 심판이 되는가?'

많은 기독교 전통에서 교회력의 마지막 주일 설교 주제는 최후의 심판이다. 우리 교회에서는 그 날을 심지어 '멸망의 일요일'이라고까지 불렀다. 미국에서는 추수감사절 다음 일요일이 되는 경우가 많다. 그러나 오순절 후 마지막 주일, 대림절 이전 주일, 왕이신 그리스도 주일은 주로 심판 이미지를 가지고 종말의 때를 묵상하는 날이다. 환난의 때에 소수의 무리, 억압받는 자, 압제당하는 자, 억눌린 자에게는 **소망**의 빛이 비추는 날이었다. 저들에게는 주후 2세기 초 『디다케』(*Didache*)에 기록된 초기 기독교의 기도에 표현된 것 외에 다른 소망이 없었다: "은혜가 도래하여 이 세상이 지나가게 하소서. … '마라나타'[우리 주여, 오시옵소서]! 아멘."

바로 이 언급—마치 무질서 상태를 즐기고 있는 것처럼 들리는—은 누가복음 21:9-28을 통해 잘 알려진 것처럼 최초기 기독교의 소망이자 경건의 일부였다. 종국적으로 그 나라가 도래하기 전에 예상되는 무서운 사건들—전쟁, 전쟁에 대한 소문, 기근, 전염병, 살육, 박해, 가장 큰 고통—이 나온 후에 28절은 이렇게 요약한다: "이런 일이 되기를 시작하거든 일어나 머리를 들라. 너희 속량이 가까웠느니라"(개역). 심판의 날은 마음 졸이며 기다리던 날이다. 심판의 날은 하나님이 마침내 자신의 신실한 자들을 신원하시고 정의를 세우시게 될 날이다. 그러나 이러한 언급에도 불구하고, 국가 문제에 점점 더 관여하고 점점 더 세속 권력과 동일시되는 큰 국가 교회에서는 자연스럽게 최후 심판에 대해 예언하는 아모스나 다른 예언자들처럼 심판의 날, 주의 날을 빛의 날이 아닌 어둠의 날로 생각하게 되었다. 따라서 많은 그리스도인들은 심판에 대한 두려움을 경감시키기 위해 자비를 구하는 것이 필요하다고 생각했다.

심판의 날에는 하나님이 최후의 판결을 내리신다. 그렇다면 문제는 자비와 심판의 균형을 어떻게 맞추느냐가 아니라, 이 심판이 누구에게 자비가 되고, 누구에게 위협스러운 멸망이 되느냐다. 하나님의 백성에게 하나님의 심판은 곧 구원이다. 그렇다면 하나님의 백성은 누구인가? "하나님의 백성"이라는 언어가 실제로 작동하는 유일한 때, 예언자들의 맹렬한 비판 없이도 설

수 있는 유일한 때가 작은 자들, 억압된 자들, 압제받는 자들, 억눌린 자들의 편을 들어줄 때라는 것은 성경에서 초지일관 말하고 있는 진실이 아닌가? 선택받은 백성에 대한 언어를 저 연약한 상황 밖에다가 적용하면 잘못된 것이 아닐까?

다른 맥락에서, 이는 또한 당시의 승리주의자, 자기 확신에 찬 그리스도인들, 자신의 판단을 지나치게 확신했던 지극히 큰 사도들에게 주는 바울의 교훈이었다. 바울은 저들에게 주님의 은혜가 자신에게 족하다고 말했다: "내가 약한 그때에 강하기 때문이다"(고후 12:9-10). 이와 같은 폭발적인 개념과 강함의 이미지는 아마도 예수의 삶과 죽음에 대한 가장 단순하고도 가장 중요한 메시지일 것이다.

한 민족의 언어에서는 매우 흥미로운 변화가 끊임없이 나타난다. (나는 언어에 이토록 집중하고 있는 점에 대해 사과하는 바다. 하지만 이는 해석가로서 내가 해야 하는 일이기도 하다.) 나는 한 문화, 한 시대, 한 민족의 언어에 대해 이야기하고 있다. 지금 일어나고 있는 변화 중 하나로서 오늘날의 상황에 민감한 사람들이 자유(freedom)에 대해서는 점점 더 적게 말하고 해방(liberation)에 대해서는 점점 더 많이 이야기한다는 사실을 독자들은 나처럼 알고 있을 것이다. 이 차이가 무엇인가? 그것은 내가 이 강의에서 지적하고 있는 것과 동일한 차이를 가진다. 자유는 사람들이 소유하고 있다고 생각하는 것이다. 사람들은 자유라는 이름으로 밖에 나가서

다른 사람들을 정복하기도 한다. 이는 이미 일어나고 있는 사실
이다. 자유는 해방과 매우 다르다. 해방이라는 용어는 자유가
없었거나 자유를 방금 얻게 된 상황에서 비로소 의미가 있다.
자유는 광야의 만나와 같다. 쉽게 유지되지 않는다. 빨리 상해
버린다. 자유는 거듭 얻어내야 하는 것이기 때문에, 우리는 (상하
기 쉬운) 자유를 냉장고에 넣어 (오랫동안) 보존하면서 이를 자유라
고 부를 수 없다. 그리고 바로 이러한 보존되는 자유 개념은 해
방이라는 단어로 더 잘 표현된다.

그리스도가 자유를 위하여 우리를 해방시키셨다는 바울의
말을 듣는 것은—그리고 우리가 그 해방을 계속 영위하는 것을
보는 것은—굉장히 놀라운 일이다: "그러므로 굳게 서서 다시는
종의 멍에를 메지 말라"(갈 5:1). 이는 단순히 정적인 것과 역동적
인 것에 관한 오래된 논의를 반복하는 것이 아니다. 심판은 하
나님이 해방하는 순간이다—그러나 하나님은 오로지 해방이 필
요한 자만 해방시키실 수 있다. 자비와 용서는 단순히 온유함과
관련한 개념이 아니며, 하나님의 심판을 누그러뜨리고 심판의
열기를 차단하는 보호막이나 단열재가 아니다. 하나님의 심판
이 시작되면 부당한 일을 당한 자들에게는 자비가 되고 잘못을
저지르거나 이를 지속하고 다른 사람의 과오로부터 이익을 얻
는 자들에게는 멸망이 된다. 따라서 심판은 이중적인 용어다—
여기에는 자비와 신원, 멸망과 정죄가 모두 포함되어 있다.

그러나 자비가 아주 약간 더 큰데, 유대 지혜자들은 하나님의 자비의 척도가 부정적인 심판의 척도보다 크다는 것을 알고 있었다. 회개, 회심, '메타노이아'(*metanoia*), 곧 선(good)으로 돌아오거나 악에서 떠날 시간과 기회가 있는 한 우리에게 장대한 자비가 주어진다. 여기에 아마 복음의 자비가 있을 것이다. 곧, 아직 회개할 시간이 약간 남아 있다는 것이다. 이는 대단히 큰 자비 같지 않지만 저 상황을 이해하는 자들에게는 엄청난 자비라 할 수 있다. '욤 키푸르'(속죄일)와 관련한 본문 및 예수의 산상수훈에서 회개는 돌이켜 고쳐 잡는 행위를 전제로 한다: "그러므로 예물을 제단에 드리다가 거기서 네 형제가 너를 싫어할 만한 일이 있는 줄 생각나거든 예물을 제단 앞에 두고 먼저 가서 형제와 화목하고 그 후에 와서 예물을 드리라"(마 5:23-24). 어쨌거나 우리는 이 구절에서 '네가 네 형제에게 싫어할 만한 일을 한 것'—서구인들은 그런 식으로 읽는 경향이 있다—이 아니라는 점에 주목해야 한다. 서구인은 아마도 다른 사람이 자신에게 싫어하는 일을 했을 경우 (자신이 아름다운 나-당신의 관계 안에서 마주하는) 하나님 앞에서 죄책감을 느끼지 않을 것이다. 이때 그 사람은 이렇게 말할 것이다: '그건 (제 일이 아니라) 그 사람의 일입니다.' 그러나 만일 서구 문화의 산물인 그 자신이 형제에 대해 부정적인 감정을 가지고 있다면 책임감을 느끼고 이를 해결하기 위해 염려할 것이다. 예수는 반대로 공개적인 방식으로 말씀하

셨다: '… 네 형제나 자매가 네게 싫어하는 일을 했을 경우를 (너
는) 기억하라.' 먼저 해결되어야 하는 일이 이것이다. 회개란 다
른 사람의 고통에 반응하는 행동을 의미한다.

이 회개의 기회는 자신의 죄가 얼마나 큰지 조금이라도 아
는 사람이 아니라면 작은 것으로 보일 수 있다. 자기 자신, 문화,
나라, 재산으로 인해 발생한 악—결과를 돌이킬 수 없고 세상에
독이 되는—에 대해 알고 있는 사람은 이와 같은 자비의 의미,
곧 회개를 위해 남겨놓은 여지의 의미를 안다. 교회에 가서 설
교 중에 회심을 경험한 음란물(hard-core pornography) 작가에 대한
이야기는 눈여겨 볼 만하다. 이 사람은 주께 다시는 음란물을
쓰지 않겠노라고 약속했고 대신에 신앙적인 작품을 쓰기 시작
했다. 하지만 명상록 같은 그의 책은 잘 팔리지 않았다. 그런데
음란물은 계속해서 팔렸다. 이는 작은 사람 하나가 회개하는 것
이 얼마나 하찮은 일인지 보여준다. (행동을 멈추었더라도) 그의 행
동의 결과가 계속되고 있으니 말이다. 그리고 이것이 음란물과
같이 사소한 일에 대해 사실이라면 우리의 집단적인 행동, 말하
자면 국가로서 그리고 도덕적으로나 생태적으로 지구를 오염시
키는 인간 존재로서 우리가 져야 할 책임은 얼마나 끔찍한 사실
일까? 결과가 지속되더라도 개인이나 민족이 회개하는 것이 그
렇게 중요한가? 그렇다. 회개는 저들을 위해, 하나님을 위해, 어
쩌면 미래를 위해 중요하다. 하지만 죄책은 무겁다.

　　자비는 회개를 위한 기회다. 개신교인들은 면벌부(indulgences)는 말할 것도 없고 로마 가톨릭의 참회(penance: 또는 "고해성사"—역주)에 대해 비판적이다. 개신교 신학에서는 그리스도가 우리를 위해 하신 일이면 충분하다고 주장한다. 스웨덴에는 "모기의 기침 소리를 듣는 것은 한심한 일이다"라는 말이 있다. 그런데 성모송(Hail Marys), 순례 등과 같은 작은 참회는 드라마의 규모를 생각할 때 모기의 기침에 불과하다. 어쩌면 모기가 기침을 하는 것이 도움이 될 수도 있겠다. 그러나 요점은 회개가 행동—나는 순례보다도 배상/갚음(reparations)에 대해 말하는 것을 좋아한다—을 요구한다는 바로 그 인식이 지속적이면서도 중요한 통찰이라는 것이다. 우리로 하여금 풍성하고 건설적으로 회개/참회하도록 초대하는 것은 자비다. 하나님의 심판은 이 자비를 허용한다. 정의와 해방의 자비가 이 둘 모두에 있어서 거부당한 사람에게 주어지기에 자비는 **우리로** 하여금 (정의와 해방이) 빼앗기도록 초대한다. 이는 안락함을 누리고 있는 사람들에게는—그리고 안락함과 분리될 수 없다 하더라도 분리되려고 노력하는 사람들에게는—무거운 메시지다. 그러한 지식은 비생산적인 자기-혐오나 자기-연민에 빠지게 할 수 있고, 때로는 "나의 죄책이 감당할 수 있는 것보다 무겁다"라고 말했던 가인을 이해하게끔 한다. 때로는 "너희는 그를 더 이상 근심하게 하지 말라. 이는 그가 자신의 회개로 삼켜지고 사탄의 손에 넘어갈까 두렵기 때문이다"(고후 2:5-11)라고 말했던 바울을 이해할 수도 있다.

회개에 초대하는 자비는 우리가 합당한 이유로 행한 일에 대한 회개까지 해당한다. 세상에 있는 대부분의 악은 선한 목적을 위해 행하여진다는 사실을 깨닫지 못한다면 아무도 역사의 드라마를 이해할 수 없을 것이다. 악 자체는 인기가 별로 없다. 많은 사람들이 모여서 "우리 함께 악을 행하자"라고 한다면 그것은 결코 성사될 수 없을 것이다. 이에 하나님께 감사를 드리자! 세상의 진정한 악은 사탄이 광명의 천사로 가장할 때 발생한다(고후 11:14). 세상의 진정한 악은 선을 위해, 인류를 위해, 자유를 위해, 이념을 위해, 인간 삶에 있어서 다른 어떤 거짓-신을 위해 행해진다. 그렇기에 죄책은 무거워지고 정체가 밝혀져야 한다.

그렇다면 문제는 심판과 자비의 균형을 맞추는 것이 아니다. 성경을 읽거나 신학을 할 때면 내가 표현하는 바 "누가 누구인가"하는 질문이 늘 생긴다. 누가 누구에게, 누구를 위해 말하고 있는가? 사람들이 메시지를 잘못 들었기에 하나님의 강력한 메시지는 종종 잘못된 방향으로 들리곤 한다. 이에 대한 많은 예가 있다. 예수는 "사람이 빵으로만 사는 것이 아니다"라고 말씀하셨지만, 굶주린 이들에게는 결코 그렇게 말씀하지 않으셨다. 굶주린 이를 만나셨을 때—4000명이나 5000명—는 먹이셨다. 또한 혼인 잔치가 끝나는 것을 막기 위해 포도주를 대량으로 만드셨다. "사람이 빵으로만 사는 것이 아니다"라는 말씀은 사탄에게 하신 말씀이자 또한 자기 자신에게 하신 말씀이다. 그러나 교회는 예수의 말씀을 잘못된 방향으로—배부른 자를 지키기 위해 굶주린 사람들에게—인용해왔다.

누가 누구에게 말하는 것인가? 심판은 누구에게 자비가 되는가? 이것이 문제다. 이를 이해하지 못한다면 신학을 가장 영광스럽게 변증법적으로 이해한다 하더라도 역효과를 내고 또한 해악이 된다. 신약의 모든 메시지 중 가장 아름다운 것—우리가 여기에 모일 때 염두에 두었어야 했던 메시지—곧, 화해의 메시지를 생각해보라. 얼마나 아름다운 말인가! 그러나 여기 미국에서 우리는 화해가 편안한 사람과 "가진 자들"을 위해 남용되고 있는 단어일 수 있다는 통렬한 가르침을 받아왔다. 오늘은 1월 15일, 마틴 루터 킹의 날이다. 킹의 사망 소식이 해외로까지 널리 퍼졌던 4월의 어느 목요일 저녁을 우리 모두는 잘 기억하고 있다. 나는 단 몇 분 안에, 모든 통신망으로, 저마다 각기, 미국의 언론이 했던 일을 아주 선명하게 기억하고 있다(모든 사람은 추정컨대 그에게 별칭이 있어야 한다는 것을 호메로스[Homer]로부터 배웠다). 즉, 저들은 마틴 루터 킹을 "비폭력의 사도"라고 불렀다. (내가 보았던) 이 뉴스캐스터들은 모두 백인이었는데 1968년 4월 4일 밤 내내 "비폭력의 사도"라는 영광스러운 말을 되새겼다. 그리고 그는 실제로 그랬다. 물론, 마틴 루터 킹 박사는 성직자였다—그래서 사람들은 종교적으로 부르고 싶어했는데, 죽음을 맞이한 후에 더욱 확실해졌다. "비폭력의 사도"라는 칭호는 표현 그대로 아주 멋지게 들린다. 그러나 이는 그가 **우리**에게, 곧 백인이자 편안한 삶을 구가하는 우리에게 전했던 메시지가 아니었다. 그가 우리에게 전한 메시지는 "태도를 개선하라. 안 그러면 두고 봐라"였다. 그러나 상당한 위험을 감수하고 대가를 치러야 했을 때에도 그는 비폭력의 사도였다. 물론 그것은 우리에게 더욱 큰 위로가 되고 있다. "위로하라. 내 백성을 위로하라." 우리의 메시지는 화해의 언어를 사용함으로써 (킹 목사에게) 공감하는 것처럼 들렸지만 사실 자기 잇속을 챙기기 위한 것이었다.

이는 우리를 원점으로 다시 데려다 준다. 물론 가진 사람과 편한 사람에게 화해는 매우 매력적이다—우리가 가능한 적게 포기하도록 (화해는) 빠를수록 좋다. 화해는 기독교의 전통적인 화해의 표시, 곧 그리스도가 화해를 위해 십자가에서 모든 것을 내어주셨던 것과 극명하게 대조되는 의미를 갖게 되었다. "심판과 자비." 우리는 이러한 용어를 사용하여 균등화, 중화, 변증법 및 균형을 맞추기 위한 모든 행위에 저항해야 한다. 심판대 앞에 서 있는 우리에게 회개할 기회를 주는 것 외의 자비는 거의 없다. 그러나 심판이 우리에게 임할 때 억압당하는 자들에게 많은 자비가 있을 것이다. 그렇기에 내가 예언자 요엘의 말씀 외에 무엇을 외칠 수 있겠는가?

"지금이라도 너희는 진심으로 회개하여라. 나 주가 말한다. 금식하고 통곡하고 슬퍼하면서, 나에게로 돌아오너라. 옷을 찢지 말고, 마음을 찢어라." 주 너희의 하나님께로 돌아오너라. 주님께서는 은혜롭고 자비로우시며, 오래 참으시며, 한결같은 사랑을 늘 베푸시고, 불쌍히 여기는 마음이 많으셔서, 뜻을 돌이켜 재앙을 거두기도 하신다. … 너희는 시온에서 뿔나팔을 불어라. 거룩한 금식을 선포하고, 성회를 열어라. 백성을 한데 모으고, 회중을 거룩하게 구별하여라. 장로들을 불러모으고, 어린 아이들과 젖먹이들도 불러모아라. 신랑도 신방에서 나오게 하고, 신부도 침실에서 나오게 하여라. 주님을 섬기는 제사장들은 성전 현관과 번제단 사이에서, 울면서 호소하여라. "주님, 주님의 백성을 불쌍히 여겨 주십시오. …"(욜 2:12-13, 15-17, 새번역)

　그래서 **우리는** 울자! 그리고 우리에게 닥칠 심판이 저들에게 해방을 선사할 때 저들로 하여금 기뻐하게 하자!

방언:
신약의 증거*

　‘글로솔랄리아’(Glossolalia, “방언”)라는 단어는 그리스어 ‘글로사이스 랄레인’(*glōssais lalein*, “방언으로 말하다”)이 나오는 두 개의 신약 본문에서부터 영어로 들어오게 되었다. “방언으로 말하다”(to speak in tongues)라는 전통적인 번역은 영어 단어 tongue이 그리스어 ‘글로사’(*glōssa*)와 같이 “혀”와 “언어”를 모두 의미할 수 있다는 것을 기억한다면 좋은 번역이다. 바울은 시적인 고린도전서 13장에서 이 중의성을 생각하고 있는 것처럼 보인다. 여기서 그는 “내가 만일 사람의 방언과 천사의 말을 하더라도 사랑이 없으면 …”이라고 말하면서 이 장을 시작할 때 ‘글로솔랄리아’(방

언)를 염두에 두고 있다.[1]

I.

바울은 고린도교회가 직면한 문제와 씨름하는 와중에 우연히 우리에게 그리스도인의 체험의 일부인 방언 현상에 대한 명확하고 중요한 통찰을 제공하게 됐다. 아마도 우리는 먼저 우리의 언어를 또 하나의 측면에서 확인해야 할 것이다. 학자들과 현대 독자들은 방언 관련 주제 논의에 즉각 "문제"라는 딱지를 붙이는 경향이 있다. 바울이 고린도교회에서 문제들을 다루고

---

*   이 논고는 워싱턴 대성당이 후원하는 현대 은사운동의 발전에 관한 회의의 일환으로 처음 발표되었다. 이 학회에서의 발제 내용은 Michad P. Hamilton가 편집한 *The Charismatic Movement* (Grand Rapids: Eerdmans, 1975), 49-60에 출판되었는데, 출판사(Eerdmans)의 허락을 받아 이 책에 다시 수록하게 되었다.

1. 바울서신과 오순절 이야기(행 2:4, 11) 사이에서 볼 수 있는 방언 이해의 차이점에 대해서는 이하 §II를 참고하라. 그러나 그 차이는 "단순한 방언"/"단순한 소리"와 "언어" 사이의 차이가 아니라, 이해할 수 없는 말(바울)과 듣는 자가 알아들을 수 있는 기적적인 대화(행 2장)의 차이다. 신약의 주해와 관련한 문제에 대해 소개하는 신뢰할 만한 글은, *Theological Dictionary of the New Testament*, ed. Gerhard Kittel (Grand Rapids: Eerdmans, 1964), I, 719-27에 있는 J. Behm의 *glōssa* 항목을 보라. Behm의 글은 또한 주변 문화에 나타나는 바, 유사한 현상에 대한 생생한 자료를 제공한다. 유대교와 초기 기독교 전통의 "천사들의 언어"에 대한 논의는 Russell P. Spittler, Jr., "The Testament of Job," doctoral thesis, Harvard University, 1971을 보라.

있음은 분명하다. 이 문제들 중 하나는 방언 관행으로 인해 회중 사이에서 발생하는 긴장감이다. 하지만 바울이 방언을 논할 때 "문제"라고 표현하지 않았다는 사실은 중요하다. 바울에게 있어 방언은 도리어 은사, 은혜롭게 주어진 신적 선물인 '카리스마타'(charismata)에 관한 사안이었다. 바울의 논의의 특징은 아마도 정확히 초기 관점에서 발견할 수 있을 것이다. (관리자로서 나는 일단 어떤 사안에 '문제'라는 딱지를 붙이면 이미 제1라운드에서 패배한 것이라는 사실을 배웠다.) 따라서 우리는 방언의 "문제"를 다루기보다 바울 자신의 방식으로 방언 주제에 접근하고 있다는 사실을 주지해야 한다. 그렇다면 방언의 은사란 무엇인가?

바울이나 다른 신약 저자에게서도 방언에 대한 기록이 많이 남아 있지 않다. 방언은 바울에게 있어 분명 그리스도인의 체험의 일부일 뿐이다. 그리고 바울 자신도 방언을 했기에 방언에 매우 친숙했다. 우리는 바울 자신이 모든 면에 있어 가장 뛰어나다고 여기는 경향—매우 성가신 경향—이 있다는 것을 알고 있다. 예컨대, 바울은 죄인 중 최고였고, 복음을 위해 가장 부지런했으며, 다른 모든 사람들보다도 더 많은 고통을 당했고, 기타 등등에 있어서 그랬다. 이와 같이 방언에 대해서도 "내가 너희 모든 사람보다 방언으로 많이 말한다는 것에 대해 하나님에게 감사한다"(고전 14:18)고 이야기했다. 우리가 바울을 거만하다고 생각하더라도 바울이 방언 말하기에 능한 사람이었다고 믿을 만한 이유들을 성경에서 확인할 수 있다.

바울이 방언을 그리스도인의 일반적인 경험의 일부분으로 간주했다는 증거가 있다. 나는 로마서에 있는 한 구절을 염두에 두고 있는데, 여기에서는 공동체의 특별한 문제에 주목하고 있지 않다. 따라서 이곳에서의 방언에 관한 언급은 방언 현상에 대해 제기된 질문에 대답하는 것이 아니었다. 바울은 독자들에게 이 놀라운 선물을 상기시키는 것이 중요하다고 생각했기에 스스로 이 주제를 다루었던 것이다.

> 이와 같이 성령도 우리의 연약함을 도우신다. 우리는 해야 하는 기도를 알지 못하지만, 영이 말할 수 없는 탄식으로 친히 간구하신다. 마음을 살피시는 분이 영의 생각을 아신다. 이는 영이 하나님의 방식으로(또는, "하나님의 뜻에 따라") 성도를 위하여 간구하시기 때문이다. (롬 8:26-27)

바울이 로마서 8장 논의의 배경에서 방언의 역할을 어떻게 생각하게 되었는지 살펴보는 것은 흥미롭다. 바울은 "아바! 아버지!"라는 제의적 부르짖음으로 성령이 어떻게 "친히 우리의 영과 더불어 우리가 하나님의 자녀인 것을 증언"(롬 8:16)하시는지를 말한다. 그리고 나서 자신의 전형적인 방식으로 승리에 가득 찬 언어의 흐름을 멈추고 그러한 영광이 미래에 어떻게 될 것인지 강조하는 데 각고의 노력을 기울인다. 바울은 우리가 전체 피조물과 함께 탄식하면서 구원을 얼마나 기다리고 있는지에 대해 이야기한다. 믿음은 이미 소유한 것이 아니라 (앞을 내다보는) 소망이다: "보는 것을 누가 바라겠는가?"(롬 8:24). 이렇게 탄식하고 에워싸임을 당하고 있는 현실은 우리를 연약한 위치에 놓이게 한다. 그러나 탄식은 이제 또 다른 의미를 갖는다. 교회에는 사람의 말할 수 없는 탄식과 갈망의 음성이 아닌 성령의 (그러한) 음성이 있다. 형언할 수 없는 방언의 탄식은 성도들을 위해 중보하는 성령의 음성이다.[2]

따라서 바울의 생각에 따르면 방언의 은사는 영적 성취의 표가 아니며 참된 영적 영역으로 영예롭게 진급하는 것도 아니다. 바울에게 방언은 연약한 경험에 어울리는 선물이다. 이 모든 것은 승리주의, 곧 과장된 영적 우월감과 죄/죽음의 권세로부터 도피하는 영지주의로 특징지어지는 어떤 경건 또는 신학에 반하는 바울의 일관된 주장과 상당 부분 일치한다. 고린도교회의 상황을 살펴볼 때에 우리는 이러한 관점을 기억할 필요가 있다.[3]

---

2. 로마서 8:26-27에 대한 더욱 광범위한 해석은 E. Käsemann, "The Cry for Liberty in the Worship of the Church," *Perspectives on Paul* (Philadelphia: Fortress Press, 1971), 122-37. Käsemann, *An die Romer* (Tübingen: J. c. B. Mohr [Paul Siebeck], 1973), 229-32에서 이 해석은 다른 해석들과 주의 깊게 비교되면서 옹호된다.
3. 바울은 낙원에 이끌려가서 들었던 것을 말하는데("또 사람이 말로 할

이제 고린도서신의 장면으로 돌아가보자. 고린도교회는 많은 문제를 가지고 있었다. 거기에는 오늘날 교회의 주요한 문제들을 제외하고 수세기를 걸쳐 교회들이 가지고 있었던 거의 모든 문제를 가지고 있었다. 고린도교회는 결코 무미건조한 교회는 아니었다.

고린도교회의 방언 현상은 고린도 그리스도인들의 상상력을 자극했던 것 같다. 방언 현상과 회중 가운데 있었던 양극화 현상에 대한 바울의 주장은 간단하다. 즉, 그리스도의 몸의 형상을 세우기 위해 다른 지체들이 필요하다는 것이다(고전 12장). 많은 은사들이 있고, 이들이 모두 필요하며, 한 은사가 다른 은사와 비교되거나 가치 서열에 따라 은사들을 분류하는 것은 어리석은 일일 뿐이라는 것이다. 모든 은사는 교회에 속하며 화려한 겉모습을 근거로 평가되거나 추구되어서는 안 된다.

바울은 바로 이 지점에서 사랑가를 시작한다(고전 13장). 이 친숙한 본문—어떤 이유인지 결혼식에서 자주 읽히는—은 사랑에 대한 일반적인 찬가가 아니다. 이는 고린도 회중 사이의 긴장을 해소하기 위한 매우 구체적인 목적을 위해 창안되고 형성

수 없는 말을 들었으니, 이는 사람이 가히 이를 수 없는 말이었다", 고후 12:4), 바울의 "육체의 가시"가 보여주고 있는 자신의 연약함에 대한 강조는 아마 환상과 계시를 자랑하지 말고 하나님의 은혜를 자랑하라고 얻은 병이었을 것이다(고후 12:6-10). 또한 고후 4:7을 앞서 언급된 영광스러운 계시와 비교해보라.

되었다. 방언(13:1, 8), 예언(13:2, 8), '그노시스'(*gnōsis*: 즉, 계시된 특별한 지식, 13:2, 8), 기적을 일으키는 능력(13:2)과 "돕는 능력"(13:3; 참조, 12:28)은 모두 고린도교회에 나타났던 은사들을 가리킨다. 그리고 바울이 말하고자 하는 바는 이 모든 은사가 사랑, '아가페'라고 불리는 것에 의해 통제되지 않을 때 어떻게 불화를 초래하는지 드러나면서 명료해진다. 바울에게 사랑은 마음으로 느끼는 감정이 아니다. 오히려 사랑은 자기중심적인 사람들과 공동체를 "세우기"(*oikodomē*) 위해 은사를 사용하는 사람들을 구분할 수 있는 척도가 된다(고전 14:4 등). 고린도전서 8:1에서 바울은 자신의 입장을 천명했다: "'그노시스'[Gnosis, '지식']는 교만하게 하지만 사랑은 세운다." 그리고 나서 바울은 고린도전서 13장에서 시적인 문체를 사용하여 이 원리를 확대하여 계속 전개해 나간다. 이는 매우 단순명료하다. 성령의 은사를 사용하는 일은 공동체를 가장 잘 세울 수 있도록 통제되어야 한다. 사랑은 공동체에 대한 관심을 의미한다. 사랑은 전체의 만족이 아닌 개인이나 일부의 만족을 위한 은사의 사용을 견제한다.

　　이러한 관점에서 방언을 능숙하게 말하는 바울이 다음과 같이 말한 것은 매우 의미 있다: "내가 너희 모든 사람보다 방언을 더 말하므로 하나님께 감사한다. 그러나 교회에서 내가 남을 가르치기 위하여 깨달은 마음으로 다섯 마디 말을 하는 것이 일만 마디 방언으로 말하는 것보다 낫다"(고전 14:18-19). 그리고 누군가 방언으로 말하면 통역도 있어야 한다(14:27). "방언을 말하는 자는 자신을 [세우지만] 예언을 말하는 자는 교회를 [세운다]"(14:4).

이러한 일련의 논의는 방언이 바울에게 있어서 신자와 하나님 사이의 소통이라는 우리의 결론을 가장 잘 표현해줄 수 있다. 이처럼 방언은 그리스도인의 완전한 경험 영역에 속한 것으로서 멋지고 값진 은사다. 그러나 방언은 복음전도나 홍보 활동에는 적합하지 않다. 방언의 은사를 가진 사람의 계발 이외에 다른 목적으로 사용될 때 불화를 일으킬 수 있다. 이는 내부적인 문제이기에 우리는 내부적으로 방언의 은사를 행하는 사람들과 함께 기뻐할 수 있을 것이다. 그러나 해학과 풍자를 사용하여 바울은 처음 교회에 발을 들여놓은 사람들에게 방언이 얼마나 비효율적인지에 대해 이야기한다. 바울은 외인들이 들어와서 (방언으로 말하는 자들에게) 미쳤다고 말할 것이라고 진술한다(고전 14:23).

우리는 바울이 그리스도를 위해 어리석은 자가 되기를 두려워하지 않는다는 것을 알고 있다(고전 4:10). 하지만 여기에서 바울은 잘못된 어리석음을 두려워하고 있다. 추정컨대 바울은 몇몇 그리스도인이 자신들을 미쳤다고 하는 세상의 비난을 증거로 격려받기를 좋아한다는 것을 알고 있었다. 곧, 세상이 저들에게 미쳤다고 하면 할수록 저들은 더더욱 자신들의 증거가 강하고 용감하다는 것을 확신하게 된다.

그러나 바울은 "유대인은 표적을 구하고 헬라인은 지혜를 찾으나 우리는 십자가에 못 박힌 그리스도를 전하니, 유대인에게는 거리끼는 것이요, 이방인에게는 미련한 것이다"(고전 1:22-23)라고 말하지 않았던가? 이러한 두려움 없는 증거가 이른바 자기중심적인 것을 어떻게 전달할 수 있었는지 바울은 알고 있었던 것 같다. 바울은 적어도 다른 사람들이 방언을 말할 때 생길 수 있는 위험성을 알고서 전체 공동체를 세우는 "사랑"의 원리를 도입했다. 이러한 것은 방언보다는 이해할 수 있는 말에 의해 더욱 잘 "세워진다." 성경에는 낯선 언어, 곧 인간이 의미를 이해할 수 없는 단어로 되어 있는 한 본문이 있다(사 28:10-11):[4] '짜브 라짜브, 짜브 라짜브, 카브 라카브, 카브 라카브, 제에르 샴, 제에르 샴'(*sav lasav, sav lasav-kav lakav, kav lakav-zeer sham, zeer sham*: 이사야 28:10의 히브리어를 음역해놓은 것—역주).[5] 이에 관해 바울

---

4.   바울은 여기서 선지자 이사야를 인용하면서 **율법**이라는 단어를 사용한다. 이는 바울이 기억에서 잘못 인용했다는 사실을 가리키지 않는다. 유대 관습에서는 **성경**을 가리키기 위해 **율법**을 사용하기도 했다. 참조, 롬 3:19; 요 10:34.

5.   이 단어들은 의미를 가지고 있지 않다. 이는 어린아이의 말이나 술 취한 사람의 말이나 선지자의 지방 언어(dialect)의 특징을 모방하기 위한 것이었다. 그러나 칠십인역은 저 말들을 "고통 위에 고통을, 소망 위에 소망을, 그러나 조금씩 그러나 조금씩"이라는 의미로 해석했다. 그리고 KJV와 RSV는 "지각 위에 지각을, 경계 위에 경계를, 여기에서 조금 저기에서 조금"이라고 번역했다. 바울은 히브리어 및 이러한 식의 번역할 수 없는 단어들에 익숙했다. 방언에 대해 생각할 때 이것들이 바울의 마음에 떠올랐다. 아마 고전 14:20에서 어린아이가 되지 말

은 이사야에 나타난 하나님의 말씀을 인용한다: "주께서 이르
시되 내가 다른 방언을 말하는 자와 다른 입술로 이 백성에게
말할지라도 그들이 여전히 듣지 아니하리라"(고전 14:21).[6]

　해석자들은 이 바울의 논증에 나타난 예상치 못한 변화에
당황하게 된다. 바울은 방언이 내부인들을 위한 것이기에 방언
으로 말하면 외부자들은 이해할 수 없고 따라서 아멘으로 화답
할 수 없다고 이야기했었다(고전 14:16). 그런데 이제 이사야 인용
을 근거로 방언은 믿는 자들을 위한 것이 아니라 믿지 않는 자
들을 위한 표적인 반면, 예언은 믿지 않는 자들을 위한 것이 아
니라 믿는 자들을 위한 것이라고 말한다(14:22). 그리고 나서 바
울은 회중들 가운데서 방언 대신 예언을 하라고 요청하는데, 이
는 특히 예언이 외부자들을 확신시키고 회심시키는 능력을 가
지고 있기 때문이다.

　바울에 따르면 이러한 외적 불일치를 해결함에 있어서 방언
이 외부 사람들의 마음을 움직이는 수단으로 기능하지 않으며,
또한 공적인 영역이 아니라 개인적인 감사와 관련한다는 것을

고 성인이 되라는 언급은, 사 28:9에 어린아이들에 대한 언급을 볼 때
사 28:11뿐 아니라 전체 단락을 염두에 두고 있음을 보여주는 또 하나
의 표일 것이다.
6.　바울의 인용은 히브리어 성경이나 칠십인역과 모두 다르다(Origen은
이 표현이 Aquila에 가깝다고 보았지만). 어쨌거나 이는 바울이 말하
고자 하는 요점에 부합하도록 각색된 인용문이다.

이해하는 것이 중요하다.

　문제의 핵심은 바울이 말하는 "표적"이 무엇인가 하는 것이다.[7] 나는 이 "표적"이라는 단어가 바울에게[8] 부정적인 의미를

7.　고전 14:22의 헬라어는 주의 깊게 번역되어야 한다. RSV에서, "방언은 믿는 자들을 위한 표적이 아니라 믿지 않는 자들을 위한 표적이다"라는 번역은 *eis sēmeion*(표적으로)이라는 표현을 간과하고 있다. 나는 다음과 같이 옮긴다: "따라서 [이사야 28:11의 인용에 따르면] 방언은 믿는 자들을 위한 것이 아니라 믿지 않는 자들을 위한 (단순한) 표적으로 된다[einai eis]."

8.　다양한 문맥에서 바울은 자신에게 그릇된 것(고전 1:22)이나 더 이상 쓸데없는 것(할례, 롬 4:11)을 가리키는 "표적/표징"을 언급한다. 고후 12:12에서 바울은 고린도인들 사이에서 행해진 참된 사도의 표적을 언급하지만, 이는 다른 순회 사역자들과 비교되는 것으로 자신의 추천사에 대한 아이러니하고 농담스러운 대화의 일부라는 점에 주목해야 한다: "나는 아무것도 아니지만 지극히 큰 사도들보다 조금도 부족하지 않다"(12:11). 동일한 표현이 롬 15:18에서 반복된다: "내가 감히 말하지 않는다. …" 살후 2:9에서 표적은 사탄과 거짓의 표다. 살후 3:17에서 바울의 서명(signature)은 바울의 편지를 드러내는 표다. (고전 14:22과 더불어) 이 모든 것들은 바울서신에 나타나는 "표적/표"에 대한 언급이다. 이들 중 어느 경우도 바울은 분명히 영광을 돌린다는 의미나 맥락에서 "표적/표"를 사용하지 않는다. 공관복음도 표적에 대해 이와 비슷한 부정적 태도를 내보인다는 것은 잘 알려진 사실이다. 마가복음에는 "아무런 표적도 주어지지 않을 것이다"(막 8:12)는 구절이 있다. 누가복음에서 "표적"은 요나의 설교를 가리킨다(눅 11:29). 마 12:40은 후대의 첨가일 수 있는데(참조. K. Stendahl, *The School of St. Matthew*, 2nd ed. [Philadelphia: Fortress Press, 1968], 132f.), 여기서는 요나의 죽음과 부활이 표적이다. 요한복음을 제외하고는 예수의 기적이 표적이라고 불리지 않는다. 요한복음에서는 일

가졌다고 제안하는 바다. 이는 믿지 않는 자들을 믿음으로 인도하지 않고, 귀 기울이게 할 수 없으며, 마음을 완고하게 하는 "단순한(mere) 표적"을 의미한다. 신자에게 방언은 표적이 아니라 경험의 일부다. 바울의 요점은 회중에 참석하는 외부자들에게 단순히 심판에 대한 부정적인 표적을 알려주는 것 이상의 일을 해야 한다는 것이다. 교회는 저들에게 회개할 수 있는 충분한 기회와 하나님이 진정으로 회중 가운데 계시다는 것을 충분히 알 수 있는 기회를 제공해야 한다. 이는 예언으로, 하나님의 말씀을 단순명료하게 선언함으로 성취될 수 있는 것이지,[9] 방언

곱 개의 선별된 기적들이 "표적"으로 정교하게 다루어진다. 그밖에 표적은 우주 영역 안에서 천체적/묵시적인 것이다. 그리고 예수가 자신의 기적을 드러내기를 꺼려했다는 것은 잘 알려진 복음 주제다(예. 막 5:43).

9. 이러한 해석에서 예언은 물론 "표적"이 아니다. C. K. Barrett, *The First Epistle to the Corresponds* (New York: Harper & Row, 1968), 313, 323f. 는 "불신자를 위한 것이 아닌 표적으로서의 예언 …"으로 번역한다. Barrett은 "표적으로서"가 그리스어 본문에는 나오지 않지만 앞 문장으로부터 그렇게 이해되어야 한다는 점을 인정한다. 나는 당면한 본문과 관련한 문제의 열쇠가 거기에 있다고 본다. 이에 나는 고전 14:21-25을 다음과 같이 패러프레이즈 하려 한다: "성경으로부터 우리는 하나님이 방언을 통해 말씀하실 때 이것이 [사람들을] 믿음으로 인도하지 않음을 안다[*eisakousontai*: 사람들은 바울이 지금 교회의 상황을 가리켜 예언하는 미래를 듣지 않을 것이다]. 따라서 이 예언의 말씀에 따르면 방언은 불신자를 믿음으로 인도할 수 없는 단순한 표적이 분명하다. 물론 신자들에게 있어 방언은 그와 같은 식의 표적이

으로 성취될 수 있는 것이 아니다. 외부자들이 단순히 분리되어 있음(alienation)을 강조함으로, 이사야가 예언했던 것처럼 단순한 표적에 걸려 넘어지게 하는 식으로는 안 된다는 말이다.

II.

신약 안에는 방언이나 방언 현상에 대해 전혀 다른 방식으로 말하는 곳이 있다. 사도행전 2장에는 최초의 기독교 오순절에 대한 설명이 나온다. 금세기에 우리는 특히 방언을 강조하는 교파와 교회에 대해 '오순절파적'(Pentecostal)이라는 용어를 사용하기에, 내가 사도행전이 아니라 고린도서에서 논의를 시작한 것에 대해 독자들은 놀랄 수도 있을 것이다. 내가 선택한 논의의 순서의 이유는 조만간 밝혀질 것이다.

사도행전 2장에서는 성령이 불의 혀 같이 갈라져[10] 각 사도

아니다. 왜냐하면 저들이 하나님의 말씀을 듣고 믿음에 이르렀기 때문이다. 반면 예언은 믿음/신앙을 위한 것이지 믿지 않는 자들에게 짐을 지우기 위한 것이 아니다. 그러므로 모든 사람이 회중 가운데서 방언으로 말한다면 외부자들이나 믿지 않는 자들이 들어와서 너희가 미쳤다고 말하지 않겠느냐? 이사야가 예언한 대로 방언의 표적이 그들에게 역사할 것이다. 모든 사람이 알아들을 수 있는 예언을 말한다면 믿지 않는 자들이나 외부자들의 마음의 숨겨진 것들이 드러나 정죄와 심판을 받고 회개에 이르게 되어 엎드려 하나님을 예배하고 하나님이 정말로 너희 가운데 계시다는 것을 선포하게 될 것이다."

10. 막 1:8; 마 3:11; 눅 3:16을 주목하라. 여기에서 세례 요한은 자신의

들 위에 임하고 저들이 성령 충만하여 "다른 방언들"(*heterai glōs-sai*)로 말하기 시작했다는 기록이 나온다. 이는 예루살렘에서 있었던 일로 하늘의 큰 바람 소리와 함께 발생했다. 이때는 고린도교회의 상황과 반대로 나타났던 것 같다. 이 방언에는 통역사가 필요하지 않았다. 방언으로 말했던 것은 기적적이고도 기이한 소통 수단으로서 여러 나라에서 온 많은 사람들이 "하나님의 큰 일"(2:11)에 대한 제자들의 선포를 각 나라 방언으로 듣게되었다. 이는 바벨탑 사건으로 발생한 비극적인 소통의 단절(창 11:6-9)이 극복된 것으로 보인다. 이와 같은 식으로 고린도전서논의에 나오는 방언 이해와 대조되는 것은 놀랍다. 하지만 사도행전 2장의 기적이 말하는 자(서로 다른 언어/방언으로 말하고 있는 사도들)의 것인지, 듣는 자("하늘의" 언어를 자신들의 실제 언어처럼 이해하는 청중들)의 것인지는 다양한 논의들로 해결되지 않는다.[11] 각각의 경우에 이해할 수 있는 방언(사도행전)과 이해할 수 없는 방언

(물) 세례와 장차 오실 더 큰 분의 세례를 구분하고 있다. 그분은 성령으로(마가) 또는 성령과 불로(마태, 누가) 세례를 주실 것이다.

11. 이에 대한 문제와 기타 주해 관련 문제를 다루는 광범위한 논의는 다음을 보라. Kirsopp Lake, "The Gift of the Spirit and the Day of Pentecost," *The Beginnings of Christianity*, eds. F. J. Foakes-Jackson and Kirsopp Lake (London: MacMillan, 1933), V, 111-21; 또한 E. Haenchen, *The Acts 01 the Apostles* (Philadelphia: Westminster Press, 1971), 166-75 도 보라.

(바울서신)이라는 차이점이 남아있다.[12] 하지만 이러한 추론으로는 얻을 수 있는 것이 거의 없는 것 같다. 오히려 우리는 사도행전이라 불리는 저작 내에서 오순절 기록의 성질과 기능을 고려함으로써 작업을 시작해야 한다.

오순절에 대한 기록은 신약이나 초기의 정경 외 문헌들 어디에도 나타나지 않는다는 점에 있어 독특하다. 실제로 예수의 부활 사건은 모든 기독교 문헌에서 환호받지만, 사도행전을 제외하고 오순절 사건이 언급된 곳은 하나도 없다. 모든 기독교

---

12. 나는 *A Commentary on the Acts of the Apostles* (New York: Harper & Brothers, 1957), 63에 나오는 C. S. C. Williams의 주장의 정당성을 찾지 못했다: "일반적인 비판적 견해를 취하는 사람들은 바울에게도 역시나 방언이 알아들을 수 없는 말일 뿐 아니라 외국어를 의미하거나 이를 포함했을 수 있음을 간과하는 경향이 있다. 알아들을 수 없는 말만을 가리키는 것이 아니었다는 말이다." Williams는 J. G. Davies, "Pentecost and Glossolalia," *Journal of Theological Studies*, III (1952), 228-31을 언급하고 있다. Davies는 바울이 방언 해석에 대해 사용하고 있는 *hermeneia / hermeneuein*라는 용어의 주된 의미가 "해석"이 아니라 "번역"이라고 주장했다(고전 12:10, 30; 14:5, 13, 26, 27). 이는 옳다. 그리고 분명 바울은 방언을 천사의 언어와 같은 언어로도 생각했다(고전 13:1). 그렇지만 이는 바울이 방언을 땅 위에서 외국어 습득으로 이해했음을 의미하지는 않는다. 방언은 "성령의 신비"를 표현하기 때문에(고전 14:2) 알아들을 수 없는 것이다. 또한 바울은 방언을 하는 사람에게 "통역하기를 위해 기도하라"(14:13)고 촉구했다. 다른 언어를 알아서가 아니라 통역/번역의 특별한 은사를 통해 이러한 신비를 다른 사람들이 이해할 수 있다는 말이다.

문헌에서는 성령이 계시다는 것을 인지하고 있다. 하지만 하나의 특정 사건에 대한 진술은 오직 사도행전 저자에게만 남아 있다. 이 저자는 방언으로 말하는 현상에 대한 신학적 해석을 양식화하고서 이를 이야기 형식으로 집어넣었을 수 있다. 더욱이 초기 기독교 문헌 중 어디에도 방언을 세계 다른 지역에 알려진 언어로 이해한 곳은 없다. 다른 초기 기독교 전통에서는 고린도전서에 나타나는 것과 마찬가지로 방언이 이해될 수 없기에 통역을 필요로 한다고 이야기한다. 그러나 사도행전에서는 마치 벌리츠어학원(Berlitz School: 세계적인 외국어 교육기관—역주)로 가는 신적인 지름길이 있는 것처럼 보인다. 또한 청중들의 출신 지역(행 2:9-11)이 실제로 서로 다른 언어를 가리키고 있는 것인지도 의심스럽다.

사도행전의 구조 자체가 "신학적 지리학"에 속한다는 사실을 인식해야 한다. 누가복음에서 예수가 갈릴리에서 예루살렘으로 이동하는 것처럼—그리고 다른 복음서와는 달리 누가복음에서는 상당수의 내러티브와 가르침이 이른바 누가 여행 이야기(Lukan Travel Narrative: 눅 9:51-18:14)에 포함되듯—사도행전에서도 복음이 예루살렘(1장)에서 로마(28장)로 전달되고 있다. 그리고 이와 같은 계획은 부활하신 주가 승천하시기 전 고별사에서 드러난다. 이때 주께서는 예루살렘에서 "땅끝까지"(행 1:8) 이르는 선교의 시작점으로서 성령의 오심을 약속하셨다.

그러므로 성령이 어떻게 교회 안에, 그 도처에 존재하시는지에 대한 누가의 인식과 방언 현상에 대한 지식을 역사적 사건—다른 증거가 없는—으로 전환시켰다고 하는 다소 일반적인 제안을 따르고자 하는 유혹이 있다. 방언 현상이 상징하는 바는 (복음의) 범세계적 확산이라는 말이다.[13] 만일 이것이 옳다면 실제적인 방언 현상을 이해하기 위해 사도행전 2장의 진술에 기초하는 것은 다소—최소한으로 말하자면—위험스러울 수 있다.[14]

---

13. 그러한 제안은 사도행전의 다른 부분에서 방언이 언급될 때(10:46; 19:6; 참조. 4:31) 방언 현상이 고린도전서 12-14장에 나타나는 그림과 매우 유사하다는 관찰에 의해 부분적으로 확증된다. 예를 들어, 사도행전 10장에는 언어 장벽에 대한 언급이 없다. 오히려 거기에서의 요점은 하나님이 고넬료와 가족에게 성령의 놀라운 증거를 보여주심으로 교회의 이방인 구성원 자격에 관한 베드로의 주저함을 극복하셨다는 것이다. "우리와 받은 것과 같은"(행 10:47) 성령을 받은 사람들이 세례를 받지 못할 이유는 없다는 것이다. 여기에서 방언으로 나타나신 성령은 언어나 지리적 장벽이 아니라 유대인과 이방인 사이의 장벽을 뛰어넘는다.

14. 전통적인 성경에는 기독교 선교에 "새 방언"(막 16:17) 현상이 포함되는 것처럼 말하는 또 한 구절이 있다. 이제 RSV, NEB 및 기타 현대판 성경에서 볼 수 있듯 마가복음 16:9-20은 본래 본문에 속한 것이 아니며 또한 가장 신뢰할 수 있는 고대 사본에도 누락되어 있다. 그럼에도 막 16:17에 담겨 있는 문장은 사도행전 2장에 표현된 이해가, 특히 그 주제가 확장되는 선교, 즉 막 16:9-20의 바로 그 주제일 때, 어떻게 교회의 상상력을 사로잡았는지에 대한 증거로 간주될 수 있다. 그러나 어떤 사본은 "새 방언들"이 아니라 (단순히) "방언들"이라고 읽어서 일반적인 언어 현상에 대해 언급하는 것처럼 보이기도 한다는 점에 주의하라.

III.

방언이라는 성령의 놀라운 은사에 대한 바울의 태도를 논하면서 어째서 그러한 은사가 공적 영역에서 시행되지 말아야 하는지에 대한 이유를 강조했었다. 실제로 초기 기독교인들이 공적 세계와 자신들의 관계에 대해 어떻게 생각했는지, 교회와 세계 사이의 교차점을 어떻게/어디에서 발견했는지 질문해볼 필요가 있다. 방언 연구에 있어서 내가 이를 묻고 있는 이유는 다소 분명하지 않을 수 있다. 하지만 저 사이의 연관성은 중요하다.

우리는 성령의 놀라운 은사들이 공적인 관계들을 위한 것이 아니라 개인을 세우기 위한 것이라고 말해왔다. 그러나 성령의 어떤 특별한 은사는 그리스도인이 연루될 수 있는 매우 공적인 관계를 위해서도 약속되고 있다: "그리고 사람들이 너희를 법정 앞에 세우고 (당국에) 넘길 때에 무슨 말을 할지 염려하지 말고, 무엇이든 너희에게 주어지는 말을 하라. 말하는 이는 너희가 아니라 성령이시다"(막 13:11; 또한 마 10:19-20; 눅 12:11-12을 보라). 사실 법정 앞에 선 그리스도인만이 성경이 약속하는 바 성령의 은사를 받게 되는 유일한 사람이다. 그 외에는 아무도 특별한 영적 은사를 약속받지 못했다. 이는 그렇게 이상한 일이 아니다. 왜냐하면 기독교 교회가 세상의 권력자들에게 증거할 기회가 법정에서 주어졌기 때문이다. 이러한 견해와 확신으로부터 바울이 추정컨대 가이사로부터 석방될 수 있었음에도 어떻게

가이사에게 호소했는지 설명해주는 정교한 이야기가 발생했다
(행 25:11; 26:32). 그리고 에베소서(3:10-13)에서는 가이사 앞에서 호
소하고 하늘의 통치자들과 권세자들을 대하는 일에 하나가 되
며, 또한 바울의 고통은 교회의 영광이 된다. 재판 과정에서 복
음과 세상, 그리스도와 가이사 사이에 대립이 일어나기 때문이
다. 증인이 된다는 것(그리스어로 "순교자"[martyr])은 당국 앞에서
증인이 되는 것을 의미한다. 그렇기에 우리는 그러한 상황에 성
령이 약속되어 있다는 것을 읽을 때에 놀라서는 안 된다.

이러한 식의 사고는 현시대 우리에게 매우 중요하다. 은사주
의 운동에서 발견되는 성령의 은사에 대한 관심은 때로 베리건
(Berrigans: 미국 반전주의 운동가 형제—역주)이나 양심적인 저항가들이
위치한 스펙트럼 반대편 끝에 있는 것으로 간주되어 왔다. 그와
같은 해석이 옳게 느껴진다면 (그리고 언론이나 다른 매체에서 이것이 종
종 강조된다면) 우리는 성령의 은사에 대한 성경적 이해로부터 매
우 동떨어져 있는 것이다. 우리는 심오한 기독교적 통찰을 왜곡
해왔다고 할 수 있다. 법원에서 그리스도의 정의(justice)를 용감하
게 증언함으로 권위자들에게 도전하고 있는 사람들을 의심하면
서, 성령의 공적 영향력을 TV에서의 화려한 종교 행사와 전도 운
동 홍보와 동일시하는 사람들이 있다. 성경적 모델은 정반대인
것 같다. 성령의 약속이 주어진 **바로** 그 대결은 법정에 있다.

IV.

내가 보기에는 방언이라는 현상에 대한 신약 본문의 증거는 아주 분명하고 아주 단순하다—그리고 지금까지 유효하다. 그 다양한 본문들은 오늘날 상황에 대한 모종의 비판을 담고 있다. 우리가 속한 주요한 전통들의 역사는 기독교 공동체 내의 분열과 빈곤(impoverishment)의 역사다. 만일 장로교, 성공회, 루터교, 가톨릭을 포함하여 모든 "적절한" 그리스도인들이 의식적으로나 무의식적으로 방언과 같은 현상을 억압하지 않았다면, 그리고 다른 교파들이 특히 이 성령의 은사들을 장려하지 않았다면, 성령의 은사들—방언을 포함하여—은 통상적인 그리스도인의 경험에 속하게 되었을 것이라는 점은 매우 명료한 것 같다.

바울의 대처는 온건하다. 교회의 온전함을 이루는 것은 오랫동안 여러 교단이나 종파가 성령의 은사를 받고서 저마다 특별하고 작은 예배당을 지어온 역사보다 경시될 수는 없다. 여기서 교회의 온전함이란 바울이 사용한 이미지에 따르면 많은 지체들, 즉 은사들을 가진 그리스도의 몸이다.

이 시대 우리에게 그 온전함을 회복할 수 있는 기회를 주는 은사주의 운동 안에는 표적들이 있다. 그리고 바로 그것이 나를 매료시켜 은사주의 운동에 많은 소망을 두게끔 해준다. 우리는 주류 교회가 방언을 포함하여 성령의 나타나심을 받아들일 준비가 충분히 됐을 만큼 바울이 말하는 사랑을 가지게 되었다고 말할 수 있는가? 이 복된 은사를 받은 사람들이, 다른 사람들의 믿음 부족을 드러내기 위해서가 아니라 교회를 온전하게 세우도록 그 은사가 주어졌다는 사실을 인식할 만큼, 사랑과 인내를 가지고서 영으로 주께 말했다고 할 수 있는가? 우리는 아마도 이 지점에 서 있는 것 같다. 나는 우리가 그럴 수 있기를 바라며, 이 모든 것이 우리 모두에게 유익이 되었으면 한다.

나는 방언을 고전압(high-voltage)이 흐르는 종교의 한 양상으로 보고 싶다. 누구에게나, 어떤 상황에서나 하나님에 대한 경험은 너무 압도적이기에 은사 현상은 자연스러운 표현임이 분명하다. 종교사나 교회사에는 황홀경의 경험이 차지하는 훌륭한 위치가 있다. 오로지 이성적인 말이나 침묵만이 적절하다고 누가 이야기했는가? 설교자이자 강연자로서 나는 교회 안에서 방언이 터져나오는 것을 허용하여 말들을 구사하는 것에 전문적이지 않은 사람들이 감격스러운(overwhelmed) 찬양을 주께 자유롭게 드릴 수 있게 하는 것이 현명하지 않은 것인지 궁금하기도 하다. 실제로 교회 역사 안에서 방언의 시행은 평준화(democratizing) 효과를 가져오기도 했다. 이것은 어떤 의미에서 "나중 된 사람이 먼저 된다"는 것에 대한 표현 중 하나였다.

은사적 차원을 억압해온 교회들에 있어서 종교적 경험과 표현의 전체 스펙트럼을 열어주는 것이 절실히 필요하다. 기독교는 손전등을 밝히는 전압을 가지고서 마약 문제와 싸우기 어렵다.

그리고 어떤 종교 전통도 새롭고 원초적이며(raw) 일차원적인 종교적 경험을 주입받지 않고서 스스로를 갱신할 수 없다. 은사주의 운동이 그러한 주입의 일환으로 교회에 주어질 수도 있다. 우리 비은사주의자들이 은사주의자가 될 필요는 없다—방언은 하나의 은사이지 목표나 이상(ideal)이 아니다. 그러나 교회가 그리스도인 삶의 충만함을 받아들이고 이를 표현하기 위해서는 교회 안에, 우리 가운데 은사가 있어야 한다. 따라서 **우리는 그것들이 필요하다.**

은사주의적 표현을 억압해온 교회들은 성경적 방언 현상이 초기 교회가 획기적으로 발전하는 시대에 주어졌을 뿐이며 교회가 세워진 이후에는 그러한 '원시적인' 것들이 더 이상 필요하지 않는다고 주장하기도 한다. 이러한 추론은 방어적이다. 방어적인 태도에는, 성경이 기독교의 완전한 경험의 일부로서 묘사하고 있는 것을 인정하지 않는다든지, '계몽된' 그리스도인들이 역사적인 전통을 불미스럽고 원시적인 것으로 인식한다는 것을 내포하고 있기에 당혹스럽기도 하다.

그러한 정황 가운데 "획기적으로 발전하는 기간"에 대한 주장은 그렇게 마음에 들지는 않는다. 그러나 이 주장에는 어떤 의미가 있고 경험에서 우러난 지혜를 담고 있는 또 다른 의의가 있다. 높은 전압(high-voltage)의 종교 체험을 하면서 오랜 기간 건강한 삶을 구가할 수 있는 사람은 별로 없는 것 같다. 나는 역사적 차원에서 제기된, 획기적인 발전 기간에 대한 주장을 거부하지만 개인의 역사에 적용함에 있어서는 매우 공감하는 바다. 나는 5년, 10년, 20년 후에 은사주의자들이 어떻게 될지 염려가 된다. 내가 관찰하건대 **저들에게는 우리가** 필요한 것 같다. 저들은 더욱 큰 교회에 속해 있으며 하나님의 자녀로서의 지위는 종교적 경험의 정도에 달려 있지 않다는 사실을 알 필요가 있다. 그리스도인의 긴 생애에는 때와 계절이 있다. 획기적인 발전이 있을 때도 있고 성장이 더딘 때도 있다. 강력하고 아름다운 경험을 한 사람들이 그 경험을 지속하기를 바라는 것은 당연하다. 그런데 그러한 경험이 과거만큼 신선하고 강력하게 다가오지 않을 때면, 금세 "(내가) 성령을 도와야 한다"는 유혹—즉, 속임수—이 찾아온다. 이는 죄책감을 불러일으킨다. 분명 기성 교회는 새로우면서도 광범위한 은사를 경험하는 것이 필요하지만, 장기적인 영적 성장 과정에서 볼 때 개인의 은사는 온전한 교회라고 하는 집이 필요하다. 신앙의 가장 중요한 교훈은 하나님이 주신 선물을 사랑하기보다 선물을 주신 하나님을 사랑하는 것이다. 이러한 교훈은 주어진 은사를 기뻐하는 교회 안에서만 배울 수 있고—은사는 우리 공동체의 삶에 풍미를 돋우어줄 귀중한 양념(seasoning)이다—또 그러한 은사를 받은 사람들은 거기에서 오랜 시간 올곧게 지내면서 자신들의 경험이 어떻게 변하게 될지 두려워하지 않은 채 믿음 안에서 성장할 수 있다.

이러한 고찰은 교회의 충만함과 더불어 공동체의 삶을 세우는 것에 관한 바울의 통찰에서 비롯한다. 이는 방언에 관한 문제가 교회 안의 목회적 문제라는 확신에서 나왔다. 방언이 신학적으로 적절한 현상인지는 중요하지 않다—이는 물론 적절한 현상이라고 할 수 있다. 그보다도 이 현상이 어떻게 교회 전체를 위해 유익한 역할을 감당할 수 있는지에 대한 것이 중요하다. 그러한 의미에서 나는 바울의 비전과 관점이 지혜와 타당성모두에 있어서 최우선이 된다고 본다.

방언은 신비주의로 알려진 모든 종교의 필수적인 부분이기에 이것이 기독교 신비주의의 실천/경험과 어떻게 관련되는지를 조금 더 추적해보는 것은 중요할 수 있다. 나는 그와 같은 분석이 앞서 말한 "하나님이 주신 선물이 아니라 선물을 주신 하나님"에 관한 척도를 강화해줄 것이라 생각한다. 은사를 받은 사람들은 은사 자체에 매혹될 위험이 있다. 신비주의자는 하나님이 만유 안에 계신 만유이실 때까지 쉬지 않으시도록 모든 뛰어난 은사를 개척하는 자다. 이는 하나님이 각기 다른 때에, 다르게 주시는 은사의 다양성을 최대한 허용하는 사랑 안에 우리가 함께 있어야 한다고 말하는 또 다른 이유다.

자료와 비평

자료

어떤 신학자도 진공 상태에서 연구하지 않는다. 나의 작업은 광범위한 관심사들에 의해 형성되었기에, 이에 대한 나의 이해를 독자들과 공유한다면 도움이 될 것이라 생각한다. 나의 관심사는 기본적으로 두 가지다.

1) 첫 번째는 성경 해석의 원리, 또는 학자 공동체가 해석학(hermeneutics)이라고 부르는 것(나는 이것을 "교회가 성경과 더불어 살아가는 방법"이라고 표현하기를 선호한다)이다. 주석가로서 오랫동안 작업을 하면 할수록 성경의 사용/오용에 대한 문제는 점점 심각해진다. 해석의 책임은 막중하기에, 나는 이 글에서 오용의 위

험을 최소화하여 성경 본문을 평화롭고 해방적이며 구원적인 사용을 위해 자유롭게 만들려는 시도를 담았다. 이와 같은 작업에 있어서 첫 단계이자 불가피한 단계는 본문이 본래 의미하는 바, 본래 의도와 이후의 역사 가운데 의미하게 된 것, 또는 미래의 어떤 시점에서 의미하게 될 수 있는 것 사이를 명확하게 구별하는 것이라고 생각한다. 이와 같은 해석학적 구도(program)에 관해서는 나의 논문("Biblical Theology, Contemporary" in *Interpreter's Dictionary of the Bible*, Vol. I, 418-32 (Nashville: Abingdon Press, 1962)을 보라. 이 구도에서는 "누구에게"라는 수식 어구 없이 "그것이 무엇을 의미하는가"에 대해 묻는 법은 없다.

나는 이 문제를 특별히 한 논문(*The Bible and the Role of Women* [Philadelphia: Fortress Press, 1966])을 쓰면서 인지하게 되었고, 더욱이 내가 생각하기에 로마서 12:20, "숯불을 네 원수의 머리 위에 쌓아 놓으리라"라는 바울의 말이 끔찍하게 들린다는 결론에 이르렀을 때 그러했다("Hate, Non-Retaliation and Love," *Harvard Theological Review* 55 [1962], 343-55). 이처럼 이상한 정서는 비-보복의 관점—자신의 복수를 추구하지 않는 것—에서 볼 때 종교적·윤리적 가치를 지닌다. 질문은 항상 그렇듯 "누가 누구에게 하는 말인가?"로서, 이는 이 책의 세 번째 글, "심판과 자비"에서 설명된 바 있다. 바울에게—루터에게—그리고 성령의 도우심으로 우리에게 ….

이러한 관심은 성서적 저작들이 기독교 전통 내에서 경전

(Scripture, "성경")으로 기능한다는 사실에 진지하게 주의를 기울일 것을 요구한다. 따라서 이 논문은 때로 정경(Canon) 문제에 주목한다. 앨버트 선버그(Albert C. Sundberg, Jr.)의 논문("Canon-Muratori: A Fourth Century List," *Harvard Theological Review* 66 [1973], 1-41)은 내게 있어서 특히 중요했다. 하나의 현상으로서의 성경 및 성경의 능력을 다루는 방법에 대해서는 스미스(W. C. Smith)의 유익한 연구 ("The Study of the Bible", *Journal of the American Academy of Religion* 39 [1971], 131-40)를 살펴보라.

2) 바울 연구로부터 자라난 또 다른 관심사는 유대교와 기독교, 조금 더 정확히 말하자면 교회와 유대 민족 사이의 관계성에 관한 것으로, 이는 내게 점차로 매력적으로 보이게 되어 나의 삶과 작업에 있어서 예상치 못한 우선순위가 되었다. 학문적이고 지적인 호기심으로 시작된 것은 나로 하여금 그리스도인들의 성경 사용, 특히 바울서신의 성경 사용이 어떻게 사탄적 차원으로 발전하게 됐는지를 일깨워주었다. 이 책의 첫 두 논문은 부분적으로 기독교의 반-셈족주의(anti-Semitism)의 뿌리를 파악하려는 시도였다. 여기에서 이와 관련한 질문들을 더욱 구체적으로 다루고 있는 나의 연구 논문들을 제시하는 것은 독자들에게 유용할 것 같다.

"Judaism and Christianity," Harvard Divinity Bulletin [1963]; reprinted in Martin Marty and D. G. Peerman (eds.), *New Theology No.2* (New York: Macmillan and Co., 1965), 153-64.

"Judaism and Christianity II: After a Colloquium and a War," *Harvard Divinity Bulletin* [1967]; most recently reprinted in Frank E. Talmage (ed.), *Disputation and Dialogue: Readings in the Jewish-Christian Encounter* (New York: KTAV, 1975), 330-42.

"Towards World Community," in *Jewish-Christian Dialogue: Six Years of Christian-Jewish Consultations,* published by the International Jewish Committee on Interreligious Consultations and the World Council of Churches' agency on Dialogue with Peoples of Living Faiths and Ideologies (1975).

"In No Other Name," in *Christian Witness. and the Jewish People* (Geneva: Lutheran World Federation, 1976).

이 책의 첫 두 논고에서, 믿음으로 의롭다 함을 받는다는 바울의 논의가 유대교에 대한 "불만족"(dissatisfaction)에서 나온 것도, "율법주의"를 정면으로 받아치려는 의도에서 나온 것도 아니라고 주장할 때 나는 내 자신이 신학적 반-유대주의에 대한 가장 악독한 근원을 공격했던 것이라고 믿는다. 에른스트 케제만(Ernst Käsemann)과의 논쟁(본서 248쪽 이하를 보라)에서 나는 이 주장을 자세히 다루려 한다.

이 논문은 바울서신 중 일부만이 실제 바울에 의해 저작 (written), 기록(dictated), 인가(signed)되었다는 가정에서 시작한다(갈 6:11을 보라). 여기에 속하는 것은 데살로니가전서, 갈라디아서, 고린도전서, 고린도후서, 빌립보서, 빌레몬서, 로마서다. 나는 이 문제에 대해 귄터 보른캄(Günther Bornkamm)의 『바울』(*Paul* [New York: Harper & Row, 1971; German original: 1969], 241-43)에 나오는 입장에 동의하는 바다. 나는 또 다른 측면에서도 보른캄의 책이 바울을 일반적으로 소개하는 데 가장 유용하다고 생각한다. 나는 특히 바울의 "삶과 사역"에 관한 제1부 및 특히 로마서를 로마의 그리스도인들 사이의 갈등을 추측하며 읽어서는 안 되고 바울의 사역에 비추어 해석해야 한다는 것을 강조하는 "바울의 언약, 로마서"("Romans as Paul's Testament", *Paul*, 88-96) 부분을 지칭하고 있는 것이다. 여기에서 보른캄은 학문적 스펙트럼에 있어서 최근 폴 미니어(Paul S. Minear, *The Obedience of Faith, Studies in Biblical Theology* 11:19 [London and Naperville: SCM Press and Alec R. Allenson, 1971])의 시도와 정반대편에 있는데, 미니어는 바울이 로마에 있는 그리스도인들의 상황을 어떻게 묘사하고 있는지 복잡한 그림을 그려냈다. 이러한 재구성은 통상적으로 후대 암브로시아스터 (Ambrosiaster)의 이차적이고 정확하지 않은 정보에 의존한다. 그렇지만 보른캄의 저작을 감사하게 생각하고 있음에도 불구하고 나는 바울과 유대교에 대한 보른캄의 그림 역시 보편적인 '서구인'이 가지고 있는 결함으로 인해 어려움을 당하고 있음을 지적하려 한다. 보른캄의 『바울』의 제2부 "복음과 신학"을 참고할 때에 이를 염두에 두어야 할 것이다.

새로운 통찰과 관점이 무엇이든지 바울에 대한 최근 연구에 가장 크게 기여한 것이 무엇인지 질문을 받는다면 나는 주저함 없이 디터 게오르기(Dieter Georgi)의 작품을 꼽을 것이다—이는 안타깝게도 아직 영어로 번역되지 않았다. 게오르기는 바울을 주로 '유대적 배경'에 비추어 보는 사람들과 주로 이방의 헬레니즘 문화, 종교, 대중철학을 배경으로 보는 사람들 사이의 무익해지는 논쟁을 해소하기 위한 일환으로서 바울을 헬레니즘 문화의 풍성한 배경—유대인과 이방인—위에 놓았다. 내가 『마태학파』(*School of St. Matthew* [Philadelphia: Fortress Press, 1968, pp. i-xiv]) 제2판 서문을 준비할 때 신약 학계의 유대적/헬레니즘적 이분법의 해체—바울 연구의 영역 밖에서—에 관한 아이디어가 머릿속에 떠올랐다. 마태복음을 쿰란과 유사하게 보며 상세히 연구했던 그 책의 저자(나)가 이제 마태복음을 '헬레니즘적' 현상으로서, 그리고 주로 이방인 공동체에 속한 것으로서 보았다는 것은 '유대적 배경'을 지지하는 나의 동료들에게 놀랍고도 심지어는 충격으로 다가왔을 것이다. 그 서문에서 나는 마태의 입장을 설명하기 쉽게 진술했다.

'모금'에 대한 게오르기 교수의 저작은 초기 기독교의 전체

스펙트럼에서 바울이 차지하는 위치를 청사진으로 보여준다. 게오르기의 주요한 저작은 다음과 같다.『고린도후서의 바울의 반대자들: 고대 후기의 종교적 프로파간다에 관한 연구』(*Die Gegner des Paulus im 2. Korintherbrief: Studien zur religiosen Propaganda in der Spätantike* [Neukirchen/Vluyn: Neukirchener Verlag, 1964]). 또한,『예루살렘을 위한 바울의 모금 이야기』(*Die Geschichte der Kollekte des Paulus fur Jerusalem* [Hamburg: Herbert Reich Er. Verlag, 1965]). 헬레니즘 세계가 바울을 어떻게 이해했는가에 대한 영어로 된 논문("Paul from the Greek Side", *Cambridge History of Judaism,* Vol. 2 [1977])도 출간 예정이며, 고린도후서에 대한 중요한 주석은 헤르메네이아 시리즈(Hermeneia series [Philadelphia: Fortress Press])로 출간 준비 중에 있다.

1950년대가 사해문서의 발견—1세기 팔레스타인 유대교에 대한 다양한 가설에 날개를 달아준—으로 인해 커다란 자극을 받은 것으로 표현되는 것처럼, 지금 우리는 나그 함마디(Nag Hammadi)에서 발견된 콥트 영지주의 작품들의 열매를 거두고 있다. 이러한 열매는 바울 해석을 풍성하게 하고 더 나은 통제를 가능하게 한다. 일레인 페이절스(Elaine Hiesey Pagels)는『영지주의자 바울』(*The Gnostic Paul*, Philadelphia: Fortress Press, 1975)에서 바울서신의 독자들에게 편리한 도구를 제공했다. 페이절스는 바울서신 자료에 대한 다양한 영지주의적 해석을 서신별로, 장별로 제공했다. 기독교 운동의 매우 초기에 있었던 자료들과 더불어 전체적인 해석 영역과 흐름이 되살아나고 있다. 페이절스의 작품은 바울의 의도가 무엇이든 바울의 편지가 영지주의적 사색을 지지하는 가설이 될 수도 있음을 보여준다. 이것은 말들(words)과 말씀(Word)에 "깊이"를 더함으로써 바울과 하나님을 영광스럽게 하려는 종교인들이 늘 직면하는 유혹에 반대해야 한다는, 그리고 "더욱 깊은" 해석들에 반대해야 한다는 경고처럼 보인다. 우리는 바울이 겸손하게 기록하고 말했던 바를 기억해야 한다.

비평

에른스트 케제만은 나의 논문 "사도 바울과 서구의 성찰적 양심"(*The Apostle Paul and the Introspective Conscience of the West*)을 포괄적으로 비평했다(*Perspectives on Paul* [Philadelphia: Fortress Press, 1971], 60-78 [German original: 1969]). 나는 이제 저 진지한 비평에 대해 답하고자 한다. 먼저, 최근에 출판된 케제만의 『로마서 주석』(*An die Römer* [Tübingen: J. C. B. Mohr [Paul siebeck], 1974)에 대한 경탄과 찬사를 보내는 것이 적절하겠다. 이 명작은 오랜 기간 로마서 연구의 이정표로 남게 될 것이다―풍부한 통찰로 가득하고 바울에 대한 개신교 관점에 대한 정당성과 집요한 현실성을 열렬히 확신함으로써 쓰였다. 개신교의 이 걸출한 주석가와 논의하는 것이 내게는 큰 영광이 아닐 수 없다.

케제만은 내가 전개했던 일련의 사상이 개신교에 심각한 위협이 된다고 보았다—케제만에게 있어 이는 바울과 예수를 진정으로 이해하는 데 위협이 된다는 것을 의미한다. 나는 케제만의 주해 작업의 신학적 결과에 대해 깊은 관심을 가지고 있지만 이것이 "복음"이 "경건치 않은 자들을 의롭게 한다"(롬 4:5; 참조. 5:6; Käsemann, 75, 78, 이곳저곳)는 명제로—또는 바울서신에서든 아니든, 어떤 다른 단일한 주제로—그렇게 쉽게 요약될 수 있는 것인지 모르겠다. 마찬가지로 나는 케제만이 옹호하는 것과 같은 식의 바울 해석을 계속 끌고 가는 것이 종교개혁의 통찰을 받아들이는 것인지 확신하기 어렵다.

그런데 나는 먼저 케제만이 "스텐달의 테제"(Stendahl Thesis)라고 부르는 것을 다음과 같이 요약했다는 것에 충격을 받았다: "서구인은 성찰적 태도로 인해 바울이 유대교적 율법 해석과 싸웠다고 하는 잘못된 강조에 이르렀고, 이에 그 싸움에서 비롯한 칭의 교리마저도 잘못 강조하게 되었다"(60). 그리고 나서 케제만은 내가 칭의 교리를 자신이 소중히 여기는 견해인 "유대교에 반대하는 투쟁 교리"로 생각하고 있다고 넌지시 암시했다(70-71).

나의 논문이 그러한 오해의 소지가 있고, 이 책에서 충분히 명료하게 다루어지지 않았다면 내가 생각하는 바가 무엇이며 나의 "테제"가 무엇인지 설명해야 할 것 같다. 믿음으로 의롭다 함을 얻는다는 바울의 주장은 유대적 "율법 해석에 반대한 결과"로 생겨난 것이 아니며, "유대교에 반대하는 투쟁 교리"도 아니다. 특히 로마서에서 이신칭의의 위치와 기능은 무엇보다도 반론(polemic)을 펼치는 데 있는 것이 아니라 이방인 개종자들이 완전한 하나님 백성의 일원이 되는 권리를 옹호하기 위한 변론적(apologetic) 성격이 있다. 바울은 갈라디아서에서 "믿음으로 의롭다 함을 얻는 것"(이신칭의)을 주장하면서 "유대화"(Judaizing), 곧 할례와 음식법을 따르는 이방인들의 관행에 반대하여 이방인 개종자들의 권리를 옹호했다. 더불어 바울이 율법을 지키는 데 있어 어떤 개인적인 어려움이 있었다고 믿을 만한 근거는 없다.

따라서 나의 "테제"는 케제만이 인식한 것보다 더욱 급진적이면서도 더욱 구체적인 주석적 논의에 기반하고 있다. 내가 그 전통(전통적 이신칭의 사상—역주)에 대해 제기하는 의문의 상당 부분은 바울의 칭의 사상이 바울의 편지들에 충분하게 나타나지 않다는 관찰—그렇기에 이신칭의 사상은 바울신학의 핵심에 잘 들어맞지 않는다—에 기초하고 있는데, 케제만이 자신의 논의를 로마서에만 국한시킨 것은 매우 유감스럽다.

그렇기에 케제만에게 답변하는 것은 쉽지 않다. 케제만은 나의 주석적인 관찰이 틀렸음을 보여주는 대신, 내가 "구원사를 주제적으로 칭의 교리 맞은편에" 두었던 이분법을 비판 지점으

로 삼았다. 따라서 (칭의와 구원사를 같은 편에 있는 것으로 여겼던) 케제
만의 논고는 순박한 문화 낙관주의와 혐오스러운 나치즘(Na-
zism)을 포함하여(64), "역사에 관한 신학들"로부터 나올 수 있었
고/나왔던 교회와 세상의 모든 죄악을 다루었다. 마찬가지로
나는 (쿰란을 포함한) 유대인들, 곧 주후 70년에 "종말론적 소망을
(성전) 파괴에 묻어버렸던"(74) 바로 그 유대인들이 "[경건치 않은 자
가 아니라] 경건한 자의 칭의"를 하나님 계획의 목적으로 생각했
다는 것에 기반하여—저들이 영원히 정죄받은 채 악한 방식으
로 하나님을 섬긴다고 이해하면서—유대인 대학살과 홀로코스
트(Holocaust)를 조장한 나치의 동력원과 정당화를 나열할 수 있
었는데(참조, Käsemann, 75), 케제만에 따르면 이는 역사에 관한 잘
못된 신학 때문이라는 것이다.

그러나 당면한 첫 번째 문제는 칭의에 대한 **바울의** 주장이
어떠한 질문에 대한 대답이냐는 것이다. 그것은 바로 '나 바울
은 이방인을 향한 내 사역의 위치를 하나님의 계획 안에서 어떻
게 이해해야 하며, 나는 이방인들이 하나님의 약속에 참여할 수
있는 권리를 어떻게 방어할 수 있는가?'이다. **혹은,** 바울이 후대
서구에서 내가 생각하고 있는 질문에 대답하려고 했다면, '어떻
게 내가 은혜로우신 하나님을 찾을 수 있을까?'(이를테면 루터의 관
심사—역주)일 것이다. 이것이 내가 주해하며 대답하려고 했던 질
문—그리고 분명히 다르게 다루어질 수도 있는—이다.

바로 이 선택지(alternatives) 중 하나가 "구원사를 칭의 교리 맞 은편에 두었다"는 구실로 케제만이 의미하려 했던 것이라면, 그 는 전통적인 개신교적 의미에서 믿음으로 의롭다 함을 얻는다는 관점을 취함으로써, 더불어 바울에 대한 전통적 해석이 정확히 당면한 질문에 대한 대답이라는 입장 안에서 이를 취함으로써 의문을 제기하는 것처럼 보인다. 나는 바울에게 있어서 믿음으 로 의롭다 함을 얻는다는 주장이 세상을 향한 하나님의 계획에 대한 바울의 성찰 안에서 기능한다고 제안하는 바다. 내가 틀렸 을지 모르겠지만, 분명한 것은 나는 추상적인 명제, 곧 "역사에 관한 신학들"을 옹호하는 데 특별한 관심을 가지고 있지 않다.

케제만은 나의 사상이 내면에 대한 필요성(inner necessity) 및 승리주의로 이끈다고 말한다. 루터교 신학자이자 20세기 서구 인의 한 사람으로서 나는 케제만에 못지않게 승리주의의 폐해 에 대해 우려하고 있기에, 이 책에서 분명히 할 필요를 느낀다. 문제가 되고 있는 1963년 나의 논문은—비록 짧기는 하지만— 반-승리주의에 대한 바울의 근거를 칭의 가르침이 아니라, 부분 적으로는 "연약함"에 대한 강조에서, 또 부분적으로는 우리가 피조물과 함께 여전히 탄식하고 있다는 종말론적 강조에서 찾 아야 한다고 피력한 바 있다. 어떤 경우에도 (내가 강조하고 있는) 이신칭의는 (반-승리주의와) 관련이 없다.

바울의 가장 두드러진 반-승리주의적 요소들 중 하나는 로마서에서 바울이 유대교와 싸우는 것이 아니라 이방 그리스도인들로 하여금 유대교와 유대인을 향한 우월감에 대해 경고하기에 이르렀다는 사실에 있다(롬 9-11장; 특히 비기독론적 송영에서 절정에 이르는 11:11-35). 바울이 예수 운동을 이방인 운동—하나님은 자신의 때와 방법으로 이스라엘을 세우게 하신다—으로 이해했을 때 우리는 승리주의 교리가 아니라 종교적 제국주의를 깨뜨리려는 바울의 사고 노선을 갖게 된다. 이는 또한 불경건한 자들에 대한 칭의 교리에서 유대교를 하나님에 대한 모든 잘못된 태도를 가리키는 대명사로 만듦으로써 승리를 쟁취하는 식의 신학적 제국주의에 대한 심오한 경고로 읽혀질 수 있다.

이와 비슷한 이유로 나는 보른캄의 『바울』에서 다루는 로마서 논의 마지막 단락과 궤를 달리한다. 보른캄은 로마서, 특히 9-11장에서 다루고 있는 대상이 유대주의자(Judaizers)나 "특정 교회 안에 있는 이런저런 분파가 아니라 유대인"이라고 보았다. 그러나 보른캄은 이 유대인들을 바울의 반대자로 해석하면서 로마서를 "유대인 및 유대인의 구원 이해"에 반대하는 "전체적인 반박"으로 읽었다. 나는 바울이 유대인들과 그러한 논쟁을 하고 있는 것이 아니라 오히려 이스라엘을 다루시는 하나님의 신비에 대해 고찰하면서 자신의 사명을 변호하고 있음을 다시 강조하고 싶다.

그러나 내게 있어서 더욱 중요한 것은 보른캄이 다음과 같은 전통적인 방식으로 이 논쟁을 어떻게 확대하고 있는지를 보는 데에 있다: "어떤 면에서 유대인은 최고의 잠재력을 가진 자를 상징한다. 유대인은 '종교적인 사람'으로, 율법이 말하는 바를 하나님이 요구하는 것으로 받으며, 구원 계획에서 주어진 특별한 지위에 호소하고, 하나님의 요구에 부응하지 못했다는 사실을 인정하지 않고 결과적으로 죄와 죽음에 처하게 된 자들이다." 이는 내가 점차로 의문을 갖게 된 진술, 곧 바울과 유대교에 대한 고전적인 그림으로 보인다. 이 진술은 보증할 수 없고 자유롭게 그려진 유대교에 대한 그림으로서 유대교 문헌들을 가지고 입증해낼 수 없다. 이 문제에 관해서는 샤를로터 클라인 (Charlotte Klein)의 『신학과 반-유대주의』(*Theologie und Anti-Judaismus* [Miinchen: Chr. Kaiser Verlag, 1975 and published in English in 1978 by Fortress Press, Philadelphia, and SPCK, London])를 보라. 이 책은 대륙의 신약학에 널리 퍼진 유대교에 관한 견해가 신학에 어떤 영향을 미쳤는지 명료하게 설명하고 분석한다.

물론, 보른캄에 의해 전형화된 그림이 바울이 유대교를 본 방식이라고 주장될 수 있을 것이다. 사실 이 책은 그러한 의심을 구체화하고 몇 가지 대안들을 간략히 제시하기 위해 쓰였다. 어찌됐든 제기되어야 할 첫 번째 질문은 이신칭의의 그러한 사용이 바울이 진정으로 의도한 방식인지, 또는 정당한 방식이기는 한 것인지 하는 것이다.